喜欢自己的缺点

礼仪就是和自己的「缺点」和解

杨毅 著

西安交通大学出版社
XI'AN JIAOTONG UNIVERSITY PRESS

图书在版编目（CIP）数据

喜欢自己的缺点：礼仪就是和自己的"缺点"和解 / 杨毅著. —西安：西安交通大学出版社，2023.9
ISBN 978-7-5693-3409-8

Ⅰ．①喜⋯ Ⅱ．①杨⋯ Ⅲ．①礼仪－通俗读物 Ⅳ．①K891.26-49

中国国家版本馆CIP数据核字(2023)第163153号

Xihuan Ziji De Quedian

喜欢自己的缺点

Liyi Jiushi He Ziji De "Quedian" Hejie

礼仪就是和自己的"缺点"和解

著　　者	杨　毅
策划编辑	王斌会　张春荣
责任编辑	张春荣
责任校对	宋庆庆
装帧设计	张春荣

出版发行	西安交通大学出版社
	（西安市兴庆南路1号　邮政编码710048）
网　　址	http://www.xjtupress.com
电　　话	（029）82668357　82667874（市场营销中心）
	（029）82668315　（总编办）
传　　真	（029）82668280
印　　刷	西安五星印刷有限公司

开　　本	720mm×1000mm　1/16　印张 13.875　字数 196 千字
版次印次	2023年9月第1版　2023年9月第1次印刷
书　　号	ISBN 978-7-5693-3409-8
定　　价	56.00元

如发现印装质量问题，请与本社市场营销中心联系。
订购热线：（029）82665248　（029）82667874
投稿热线：（029）82668525

版权所有　侵权必究

前 言

这是一本成长方法应用图书,主要用于日常交往和个人提升,是一本立足当下用软实力解决问题的书,更是一本激发个人成长思维的书。

优点的背后是缺点,那些有明显优点的人就会有明显的缺点,心态对了,姿态自然而然就对了。日常中的礼仪从来都不是如何优雅地去追求"完美",更多的是要在忙碌中得体地解决问题,边成长、边剖析,善于发现自身的不足,学会和自己的"缺点"和解。从为人处世的立场到人际交往的职场,再到一言一行的日常,礼仪是方法、是文化,也是智慧。我们怎样和自己相处,怎样和别人相处,这是一种能力,更是一种认知。不做别人认为好的事情,只做自己认为对的事情,这是深度剖析自己的过程,也是正视自己缺点的过程。

"敬他人"需修炼技能,"敬自己"要格外走心。先正视自己,再寻找自己,希望读完这本书,你能找到喜欢的自己。

自 序

—— 缺点那么多，暴露点怕啥

2016年12月，我正式辞职开始了创业。这些年，有很多朋友问我，为什么刚开始创业会选择"职业素养培训"这个方向，我的回答是："除了培训，别的我也不会呀！另外，对于那时一个二十多岁且并没有太多管理实践经验的女生来说，如果我还从事之前的管理课程培训，又能给别人带来什么价值呢？"所以，还是做点力所能及且别人和自己都不尴尬的事情吧！一来不"坑"别人，二来也不"坑"自己。

看过一句话，人若是更新不了自己，就只能在"旧"和"重复"之间迷惑。

创业既是找死，又是重生，你要问我这个过程最大的收获是什么？我一定会毫不犹豫地回答：喜欢自己的缺点。

我经常说："缺点那么多，暴露点怕啥呢？"因为我自己就是一个缺点特别多的人，但创业后的我更愿意让别人看到我的缺点，暴露我的不足，原因有三点：

能快速过滤掉那些不喜欢我并且跟我合不来的人，当然，我更多指的是那些我不论怎么做人家也对我喜欢不起来的人，也可能就是纯粹对我感觉不好的人。

当我坦诚暴露我的缺点时，我发现总有人能明确地给我相应的方法和建议，这些正是我所欠缺和需要的。**比起藏拙，露拙才能真正实现自我成长。**

相比遮掩的人，我们更加喜欢和那些坦率真诚的人进行合作，如果在一场合作中，我们能明确地告诉对方我们的短板是什么，那也就意味着我们十分清楚自己的工作范畴，什么能做什么不能做，既不用承担短板业务带来的不良后果，也能让对方提前做好全局工作规划。很多时候，不会不可怕，不懂装懂才最容易坏事。

当然，除了以上三点，暴露缺点的过程也是不断审视自己的过程，因为做自己，我们大概率会遇到更合拍的朋友和更懂自己的恋人，以及重新梳理夫妻之间、亲子之间、朋友之间的关系，喜欢自己的缺点也是一个从成长价值感到自我归属感的过程。

之前经常在课程中讲到：一个人为什么要学习职业素养和礼仪？

做继续教育这些年，可能我们越来越会有同样的感受，那就是学习不仅要学那些短期看似有用的，更要学那些长期看似无用的。这不仅会形成人与人之间的差距，更会拉开一代又一代的距离。所谓素质教育就是不断地向下生根，礼仪如此，素养亦如此，无用之用，方为大用。

一本写素养和礼仪的书为啥要取这么个书名呢？

这个世界上指责别人最容易，但认识自己最难，喜欢自己的缺点，与自己和解，接受"不完美"是成年人的基本素养。

礼仪的核心是一个"敬"字，即"敬自己"和"敬他人"，尊敬他人其实是在庄严自己。

"敬他人"容易，"敬自己"却很难。"敬自己"的过程像是一场革命，需要我们既能做自己，也能让自己产生价值，当你的外在价值转化成自我价值的那一刻，就是自我成长。就像有人是为了自己学习，有人是为了工作学习，也有人是为了孩子学习……最终，学习都是为了有一定的学习能力。

经济学家曾经提出过一个"美貌经济学"，研究发现，外貌姣好的人比普通人收入要增加3%到5%，形象是人的第一张名片，一个人长得漂亮是天生的，但你的整体形象却是由后天一点一滴雕琢而成的。

我们经常说的形象，其实它包含：自然美、修饰美和内在美三个层面，而形象礼仪主要为了突出修饰美，也就是你是否有修饰过的痕迹。所以，一个人才要打扮自己，这种打扮就是需要向别人展示出你有修饰过的痕迹，如男士简单打理下头发、女士涂口红，都是在表达敬意。同时，修饰自己是对别人的尊重，也是"敬自己"的一种生活态度。

保持终身学习，避免认知留级，"敬自己"是一场自我相处。

缺点是一种认知，礼仪是一种情绪。有人一生都在为自己的认知买单，也有人一生都在和自己的情绪抗衡。优点用错地方就变成了缺点，缺点用对地方也能变成优点，本质上，一个人的优点和缺点没什么区别，就要看怎么用。

最后，能够将这些年的课程内容形成一本书，是一种机遇，也是一种幸运。我要特别感谢在本书写作过程中给我不断鼓励和帮助的家人朋友，感谢西安交通大学出版社的编辑，他们专业细致地审读改正了原稿中存在的错误和瑕疵，弥补了本书的不足。由于本人水平所限，疏漏之处在所难免，在此致以诚挚的歉意。

杨　毅

2023 年 9 月

目录

第一章 喜欢自己的缺点
第一节 喜欢自己的缺点　2
第二节 做一个"野蛮"的文明人　5
第三节 庄子的"三条鱼"　9
第四节 屁股决定脑袋　13
第五节 不是做不好,而是没有出错的勇气　17
第六节 一个人越活越值钱的四种能力　20
第七节 不完美才是生活底色　25
第八节 礼仪就是和自己和解　27

第二章 生命是一场仪式
第一节 所有的礼仪都是从读懂自己开始的　32
第二节 "子曰"创始人与"礼"　36
第三节 您好,戴老师!　40
第四节 生命是一场仪式　44
第五节 慢即是快,少即是多　50
第六节 《论语》中经典的5句话——自我提升的5个黄金法则　53

第三章 积累软实力

第一节 软实力,了解一下 60

第二节 不知道自己要什么,那就先从不要什么开始 67

第三节 辞职前做不好的事,辞职后依然做不好 70

第四节 为什么不可以因为工作"装孙子"? 74

第五节 不用活成别人喜欢的样子 75

第六节 螃蟹定律 78

第七节 真诚才是最好的技巧 80

第八节 八条人际关系社交法则 83

第四章 直面问题可以让你更有底气

第一节 迷人的大脑才是魅力法宝 86

第二节 过度节俭是一种浪费 88

第三节 过分热情对别人来说是一种困扰 90

第四节 假如我讨厌你,我就一定告诉你 93

第五节 不要自我欺骗瞎包容 94

第六节 三十岁真的很难"立"起来 96

第七节 直面问题可以让你更有底气 97

第八节 自我提升,从管理自己的习惯开始 100

第五章 礼仪不是高高在上的优雅,而是一言一行的日常

第一节 仪容礼仪——你脸洗"干净"了吗？ 108

第二节 服饰礼仪——高级感穿搭，这是一场经济学效应 111

第三节 称呼礼仪——称呼别人要用"尊称或敬称" 116

第四节 握手礼仪——握手时女士应该先伸手 118

第五节 介绍礼仪——介绍时要先把男士介绍给女士 119

第六节 电梯礼仪——乘电梯时接待人员要"先进后出" 121

第七节 电话礼仪——应该选择微信通话还是打电话？ 125

第八节 交谈礼仪——搞清楚自己在交谈中的角色 126

第九节 办公室礼仪——遇到访客时要打招呼示意 130

第十节 拜访礼仪——拜访一定要事先预约 132

第十一节 待客仪礼——待客要有所准备 134

第十二节 茶水礼仪——大道至简，重在"和" 136

第十三节 面试礼仪——面试中要适当进行提问 139

第十四节 离职礼仪——如何开始和如何结束同等重要 141

第十五节 会务礼仪——这是一场有准备的团队协作 145

第十六节 点菜礼仪——点菜是个技术活 148

第十七节 座次礼仪——到底是"以左为尊"还是"以右为尊"？ 150

第十八节 乘车礼仪——领导应该坐在哪里？ 156

第十九节 合影礼仪——谁是C位，你站对了吗？ 159

第二十节 中餐礼仪——养成用公筷的习惯 160

第二十一节 敬酒礼仪——会敬酒比能喝酒更有价值 166

第二十二节 西餐礼仪——西餐是一种标准化思维模式 169

第二十三节 咖啡礼仪——切勿用咖啡勺喝咖啡 174

第二十四节 下午茶礼仪——下午茶的打开方式 177

第二十五节 送礼礼仪——越是世俗的东西才越有人情味 181

第二十六节 约会礼仪——你是什么样的人,你就会吸引什么样的人 183

第二十七节 婚礼礼仪——参加婚礼时着装要有分寸 185

第二十八节 探病礼仪——探病时请先调整好自己的情绪和状态 188

第二十九节 葬礼礼仪——参加葬礼的禁忌有哪些? 191

第六章 缺点是一种认知

第一节 缺点是一种认知 194

第二节 睡不好,是因为"睡商"低 196

第三节 越用力,越焦虑 198

第四节 "辛苦"不值得炫耀 200

第五节 "忍"解决不了根本问题 203

第六节 什么才是真正的情绪稳定? 205

第一章　喜欢自己的缺点

第一节 喜欢自己的缺点

在喜欢自己的缺点这件事儿上，很多人往往都是用经历换来的。起初，我们揣着糊涂装明白，后来，我们揣着明白装糊涂。

比如，当你讨厌自己太过强势时，你为什么看不到自己的决断力呢？当你讨厌自己是个急性子时，你为什么看不到自己的执行力呢？当你讨厌自己说话弯弯绕绕时，你为什么看不到自己的谨慎态度呢？

其实，一个人的缺点也是一个人的优点，只是我们难得糊涂，也难得明白。

优点用错地方就变成了缺点，缺点用对地方也能变成优点，本质上，一个人的优点和缺点没什么区别，主要看用在哪里。

之前在研究企业员工素养提升时，我看到过一个素质模型，又叫冰山模型，认为人身上所有的素质分成两类，一类是水面上的可见部分，叫技能类素质；一类是水面下的不可见部分，叫动机类素质。可见部分的技能素质都跟能力和技能有关，不可见部分的动机类素质和价值观有关。

因此，谈缺点要往技能上谈，谈优点要往动机上谈。谈缺点时，我们都经常会谈技能类缺点，如学识、经验、知识结构、个人能力等。谈优点时，我们要谈动机类优点，如努力、奉献、执着、坚持等。

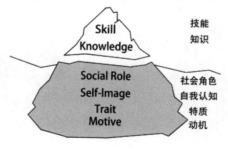

记得刚工作时，有同事经常跟我说：
"你很好，就是做事太过认真了。"

"咱们都这么熟了,你有点太客气了。"

每当听到这些话时,我就在想,同事口中的"认真"和"客气"到底是我的优点还是缺点呢?曾经我一度认为这是我的优点,但从同事口中说出后,很显然,这种"认真"和"客气"让别人有了一定的不适感和距离感。

"认真"和"客气"到底是优点还是缺点?如果按照这个模型,当然是优点。但不该太过认真、太过客气的时候还要去坚持,如刻薄刁难、太过客套等,那就是缺点了。优点和缺点没有绝对的划分标准,要分就要看整体性。

同样,礼仪在有些人的行为中呈现出的是素养涵养,但有些人把礼仪演绎成了矫揉造作。在这些年的教学中,我发现不少人认为礼仪学习可以让他们掩盖自身的"缺点",去实现所谓的自我提升展示"优点",通过外在的修饰和装扮让这种礼仪放大化呈现,在此,我不敢苟同。因为礼仪在素质教育中,既包含了冰山模型中上面可见的知识技能部分,如妆容、服饰、仪态、沟通等,又包含了下面不可见的动机价值观部分,如尊敬、善良、谦卑、坚持、自省等。

我们常常所说的"缺点",大部分是因为角度不同、环境不同、阶段不同,最终导致的认知不同而已。所以,优点即缺点,缺点即优点。

20世纪50年代,心理学家保罗·米尔以著名的美国马戏团艺人巴纳姆的名字将伯特伦·福勒的实验结果命名为"巴纳姆效应"。因为巴纳姆曾经说过一句名言:"任何一流的马戏团应该有能力让每个人看到自己喜欢的节目,因为节目中包含了每个人都喜欢的成分,所以,每一分钟都有人上当。"

人们在认识自我时,时常由于受到外界信息的暗示,将他人的言行作为自己行动的参照。心理学上将这种倾向称为"巴纳姆效应"(Barnum effect)。"巴纳姆效应"是指人很容易受到来自外界信息的暗示,出现自我知觉的偏差,认为一种笼统的、一般性的人格描述是自己的真实写照。"巴纳姆效应"又叫"福勒效应"(Forer effect),最早是由心理学家伯特伦·福勒(Bertram R. Forer)于1948年通过实验证明的。福勒给一群学生做完人格特征测验后,拿出两份结果让参加者判断哪一份是自己的结果。其中一份是参加者自己的真实结果，另外一份是多数人的回答平均起来的结果。令他感到惊讶的是，绝大多数的参加者都异口同声地回答说，第二份结果更为精确地描述了自己的人格特征。

一个人的自我认知往往很容易受到外界的评价和干扰，会很容易相信一个笼统的、一般性的描述，并认为那个描述非常符合自己的情况。而这些描述往往十分模糊及普遍，以至于能够适用于大部分人身上。很多人也经常因为太在意别人对自己的看法，导致丧失自我认知和认知错觉，把别人认为的"缺点"当成自己真正的"缺点"，甚至会通过星座分析、生肖分析以及血型说明等，来论证他们的观点是符合自己的。"巴纳姆效应"对于为何不少伪科学如星座、占卜等被普遍接受提供了一种解释。

法国的研究人员曾做过一项测试，他们将臭名昭著的杀人狂魔马塞尔·贝迪德的出生日期等资料寄给了一家自称能借助高科技软件得出精准星座报告的公司，并支付了一笔不菲的报告费用。

三天后，该公司将一份详细的星座报告发送给了研究人员，大致的分析结果如下：他适应能力很好，可塑性很强，当这些能力得到训练就能发挥出来。他在生活中充满了活力，在社交圈举止得当。他富有智慧，是个具有创造性的人，他非常有道德感，未来生活会富足，是思想健全的中产阶级。可事实上是，"有道德感"的贝迪德犯下了19条命案，于1946年被处以死刑。

拿到这份搞笑的星座报告后，研究人员又将希特勒的生日资料发送给其他星座研究公司，并找来五十多名并不知道希特勒具体出生日期的星座爱好者参加讨论。研究人员根据星座资料询问这些星座爱好者对不同星座性格的看法，结果都显示与多数星座资料书一致。最后，研究人员问在场的几乎所有星座爱好者，认为希特勒是什么星座？在场几乎所有人都认为阴险狠毒的天蝎座是希特勒的星座，只有两人认为是完美主义的射手座。可事实上，希特勒的生日是在四月，与这两个星座一点关系都没有。最后，星座公司也没能准确地将希特勒的性格概况出来，并且还"不准确"地预测希特勒"非常喜欢动物，富有爱心，热爱和平"。

李笑来曾说过："如果你是出色的，不需要证明你是出色的，别人自然会看到。如果你是平庸的，不需要证明你是平庸的，别人还是同样会看到。"这世上的人本来就众口难调，如果你太过在意别人的评价，不管能力有多强，都会因此变得迷茫，而怀疑自己。

所以，当你还在通过大众化的评价去寻求自我"优点"时，不妨大胆喜欢自己的"缺点"，因为"缺点"很大程度上来源于你的认知，而非他人的评价。

第二节 做一个"野蛮"的文明人

之前看过一个"泼妇理论"，大概的场景是：

大街上，当一个贵妇和一个泼妇发生冲突时，泼妇可以满地打滚、撕开自己的衣服、弄乱自己的头发等，总之，毫无形象可言。而贵妇却因为害怕被围观，丢了脸面，失去尊严，在这场冲突中，贵妇往往会选择退让，最终泼妇取得胜利。

文明会一直进化，但人性却始终不变。科技不等于文明，文明不等于道德。

脸面、尊严是贵妇的底线，而泼妇最好的武器是无底线，为了赢，她什么损招都可以用。所谓的"泼妇"，就是没有底线，而"贵妇"就是被文明教化得有底线和行为规则的人，也就是一个有"礼仪"的人。

而礼仪也正好包含了"野蛮"和"文明"这种两面性。关于野蛮和文明，区别着重在于面对不同的观点或分歧时，是使用暴力还是使用说服力，就如同"野蛮是否能战胜文明"这个话题一样，始终充满了辩论性和历史性。

记得在最初教学的时候，一部分女性学员总喜欢把礼仪和"贵妇"联系起来，大概的场景就是一群贵妇穿着华丽、举止优雅地聚在一起喝下午茶，仿佛回到了欧洲中世纪。为此,我才在2017年提出了"礼仪不是高高在上的优雅,而是一言一行的日常"的观点。

礼仪在每个社会阶段,其作用是不同的。譬如,在原始社会,当人们摆好祭坛祈求神灵时,礼仪是一种敬仰;在奴隶社会,礼仪慢慢地演变成一种"礼规",划分出了阶级地位;在封建社会,礼仪成了封建统治的工具,如"三纲五常""三从四德"等。总体来说,传统礼仪起到了规范人们的行为、维护社会安定的重要作用。

纵观历史,礼仪包含了人世间的五味杂陈、辛酸苦难,阅读《礼记》时也不难看出,从婚丧嫁娶到人情世故,礼仪道尽了数不尽的人间日常。

2021年夏天,我受朋友之邀去陕北采风,途径榆林时,特地去参观了位于榆林高家堡镇上的石峁遗址,这是中国已发现的龙山晚期到夏早期时期规模最大的城址,地处陕北黄土高原北部边缘,距今约4300年。参观时,遗址外东门恐怖的大规模人祭头骨让我印象深刻,这些头骨分多处集中埋置,据考古专家分析,这些人头骨遗迹以年轻女性居多,年龄基本在20岁左右,部分头骨有明显的重击和灼烧痕迹,可能与当时城墙修建时的奠基活动或祭祀活动有关。

作者于2021年9月拍摄于石峁遗址

礼仪是野蛮的、残暴的，也是文明的、善意的，今天我们更愿意把礼仪和女性联系到一起，或许也可能是因为女性在礼仪的历史上演绎过更多的角色。

就比如一开始所说的"泼妇"和"贵妇"，"贵妇"就是被教化的文明人，最后却沦落成为冲突关系中的弱者、失败者和被奴役者。当"贵妇"遇上"泼妇"，当文明遇上野蛮，野蛮就是这样取胜的。历史给了我们一个特别有意思的警示，不要沉迷于文明的进步当中，更不要因此丧失了自己的本能，所以，有时候也不要太有"礼仪"。

关于"野蛮是否能战胜文明"，答案显然是否定的，这里所谓野蛮和文明指的往往是单纯的文化或经济之类的因素，而并非综合实力或战争能力，更不是科技或者工业的差距。

鲁迅先生曾说过："如果文明不够文明，那就让野蛮足够野蛮。"

面对机遇，要"野蛮"地抓住，这是谋事手段；面对冲突，要"文明"地解决，这是做事原则。做一个"野蛮"的文明人，而不是做一个"文明"的野蛮人。

譬如，在创业之初，该争取时就要主动争取，抓住一切机遇，得先让自己活着，而不是过分纠结是否会打扰到谁、麻烦了谁；还有女孩儿们的咖啡馆梦也该醒醒了，事实上我周围不少开了咖啡馆的人因为长期不盈利都输得很彻底，并不是每天优雅地坐在那个精致的角落里看书写字喝咖啡……

我曾多次听到朋友教育自己的小孩遇人要有礼、遇事要退让，直到有一次自己小孩在学校被打得头破血流后没有还手，朋友竟然没有要求打人的小孩及家长专门来道歉，我第一次觉得这种丧失底线的"礼仪"不要也罢，毕竟有礼和软弱是两码事。

孔子在2000多年前，就告诫自己的弟子："君子不立危墙之下。"意思是说：你明知道有危险，就不要以身尝试，自己给自己找不愉快！君子指品德高尚、彬彬有礼的人，用现代的话来说，可以理解成是一个有"礼仪"的人。

不论是在哪个时代，不论遇到的是谁，礼仪首先是求生存的底线，也是随机应变的日常手段，礼仪绝不是让我们打着优雅文明的旗号去丧失自己的求生本能。

很多人不明白圣人王阳明心学"知行合一"的含义。

如果从学院派角度来讲，可以理解为礼义廉耻、忠孝节义的儒家的理论。然而，这种说教，除了让人昏昏欲睡，没有任何作用。礼义廉耻、忠孝节义是君子的底线，也是他的弱点，而小人往往趁机抓住这些弱点，逼你就范。

但王阳明也利用"知行合一"，来面对穷凶极恶的小人。根据《王阳明全集》记载：

王阳明生擒朱宸濠之后，被宦官刘瑾所嫉恨，想趁机置王阳明于死地。面对有皇帝撑腰、权势滔天的刘瑾，王阳明非常被动，而且皇帝对他也已不信任，立功不但没有受赏，反倒可能会带来灭门之祸。于是，王阳明主动联系刘瑾的对手，也就是另外一个宦官张永，把朱宸濠无条件送给张永。

王阳明这一招不但让自己从斗争的泥潭抽身，获得皇帝和张永的信任，而且把矛盾转移至刘瑾、张永之间。后来，刘瑾果然是死在张永之手。

当有学生指责王阳明，这是搞妥协、耍滑头之时，王阳明说了一句："此心不动，随机而动。"意为你人生的目标要坚定不移，但你实现目标的手段要灵活，要学会多变。

知行合一，一切皆为目标而变。

做一个"野蛮"的文明人，这是一场自我进化！

第三节 庄子的"三条鱼"

我们经常听到"如鱼得水"这个词,但很多人不知道它是出自《三国志·蜀书·诸葛亮传》。先主解之曰:"孤之有孔明,犹鱼之有水也。愿诸君勿复言。"

这是一个典故,讲的是刘备三顾茅庐见到诸葛亮的故事。寓意为一个好的君王需要有贤能之才来辅佐才能治理好天下,一个贤能之才也只有遇到好的君王才能尽其才能,即所谓"良禽择木而栖,良臣择主而事"。诸葛亮为刘备鞠躬尽瘁,刘备因有诸葛亮而如鱼得水。当人们找到适合自己发展的空间和合作伙伴时,往往就能创造自己最大的价值。

关于"鱼和水",我还想到了庄子。

在道家文化里,老子是表,组成了"道"的外壳和构架,他强调人与社会的互动,主张无为、不争、自然,与社会和谐相处;庄子是里,构建了"道"的内在和心性,他在意人在社会上的存在,在乎心性的修养、清静、自由、逍遥,不与社会有过多的交集。

纵观古今,我觉得庄子是一个快乐的人。他"眼极冷而心极热",冷眼旁观却心怀大爱,看破世情又心忧天下。他把深奥的道理通过浅显的寓言讲给世人来听,有的人听懂了觉得很有意义,有的人听不懂觉得故弄玄虚。在庄子笔下出现了各种动物的事迹,比如最出名的"庄周晓梦迷蝴蝶",但出现最多的动物还是鱼,其中最著名的是那"三条鱼"。他将生活的智慧,写进了这三条鱼的故事里,可谓充满了庄子式智慧,恰好对应了人生的三重境界:自由、自知和自洽。鱼追求大海,人崇尚自由。鱼逍遥于水,人逍遥于道。

庄子笔下的第一条鱼叫"北冥之鱼"。

庄子曰:"北冥有鱼,其名为鲲,鲲之大,不知其几千里也。化而为鸟,其名为鹏。鹏之背,不知其几千里也。怒而飞,其翼若垂天之云。是鸟也,海运则将徙于南冥。"

意思是说:"北方的大海里有一条鱼,它的名字叫鲲。鲲的大,不知道大到几千里；变化成为鸟，它的名字就叫鹏。鹏的脊背，真不知道长到几千里；当它奋起而飞的时候，那展开的双翅就像挂在天边的云彩。这种鹏鸟，在海动风起时就随着海上汹涌的波涛迁徙到南方的大海。"

这条鱼出自庄子的《逍遥游》，是北冥一条名为鲲的鱼，能化作鹏，遨游于九天。它会乘着六月的风，飞去南冥。这条大鱼要凭借着风力才能从北海飞到南海。一旦没有风，就只能从高空坠落，再也飞不起来了。这条鱼虽然看似强大，但它却只能借助水的力量遨游，借助风的力量翱翔，这也是它最大的弱点，实际上它并不自由。

站在风口，谁都能飞起来。这样的自由，靠的是外物。

因此，庄子说人生的痛苦在于"有待"，你必须要依靠什么，你必须要追求什么，你追求人生价值，人生就被束缚了，你追求富贵，你可能终将死于富贵，人生而有欲，所以人就成了欲望的奴隶。

所以，庄子说，人生的痛苦的根源在于"物于物"，而真正逍遥的人生应该是"物物而不物于物"。人应当驾驭物而不是做物的奴隶。一段自由美丽的人生，就应该追求精神上的自由，追求灵魂的自足与诗意，而不是物质上的丰裕。通俗地说，就是少一些欲望，多一些诗意，少一些心机，多一些灵魂的自得其乐。

庄子用这条鱼告诫人们：人的一生如果能够不束缚于外物，不被物欲迷住了眼睛，那将会非常自由，也就是真正的"逍遥"。

听过这样一个故事：

有一个人在河边钓鱼，他每次钓上来就用尺量一下，只要比尺大的，都丢回河里。其他人问他这是为什么？

他说："我家的锅只有尺这么长，太大的鱼装不下。"

物质上的需求要寻求一个恰当的尺度，"够用就好"是一种很好的生活态度。

在庄子的智慧中，人生的第一种境界是：不为物所累，不要让物欲迷住了你的眼睛。

庄子笔下的第二条鱼叫"濠梁之鱼"。

这条鱼出自《庄子·秋水》，说的是庄子与惠子在关于鱼的快乐上展开了一场辩论。

庄子曰："鲦鱼出游从容，是鱼之乐也。"惠子曰："子非鱼，安知鱼之乐？"庄子曰："子非我，安知我不知鱼之乐？"

意为：有一天，庄子和惠子路过濠水的桥上，看着桥下水里的鱼游得很开心，于是，庄子说："你看这些鱼游得多么开心快乐！"惠子却说："你又不是鱼，怎么知道鱼快不快乐？"庄子立刻答道："你又不是我，怎么知道我不知道鱼的快乐呢？"

惠子静默，许久后方才点头道："是啊！濠梁之鱼，冷暖自知！"

这场有点像"抬杠"对话，看似荒唐，实则饱含隐喻。最经典的，莫过于那句"子非鱼，安知鱼之乐？"惠子是个辩论家和逻辑学家，是个出了名的"杠精"，他问庄子说你不是鱼，怎么知道鱼的快乐。庄子与惠子根本就不是一路人，庄子说的是人生哲学，惠子说的是逻辑。庄子说鱼儿在水里的快乐，寄予了他的人生理想，就是人生应当逍遥自在。鱼儿的快乐，是因为它活在水里，换言之，鱼儿也只有在水中才是快乐的。

鱼的快乐是自由嬉戏在水中，人的快乐是能够自然生长在世间。人生最大的快乐，就是选择一种喜欢的方式活着，唯有如此，才能快乐自由。所以，人不必去羡慕别人的生活，能让你快乐的生活，就是好生活。就像卞之琳说："你站在桥上看风景，看风景的人在桥上看你，明月装饰了你的窗户，你装饰了别人的梦。"

你明明与众不同，却总希望和别人一样。与其绞尽脑汁，想方设法活成别人喜欢的样子，倒不如关注自我，活成自己喜欢的样子。好的快乐从来都是自己的，不是别人眼里的。

在庄子的智慧中，人生的第二种境界是：不为别人的评价所累，用自己喜欢的方式活着。

庄子笔下的第三条鱼叫"江湖之鱼"。

庄子在《大宗师》里写过这条鱼，叫作鲋，是车辙的小鱼。

《庄子·内篇·大宗师》曰："泉涸，鱼相与处于陆，相呴以湿，相濡以沫，不如相忘于江湖。与其誉尧而非桀也，不如两忘而化其道。"

意思是：一块池塘干了，两条小鱼暴露在陆地上。两条小鱼互相吐沫，互相湿润，勉强维生，与其这样互相熬着，不如放生彼此，去大江大河里过自己的新生。与其称赞唐尧而谴责夏桀，不如把两者都忘掉而把他们的作为都归于事物的本来规律。

如果同在困难的处境里，用微薄的力量互相帮助，有时不妨放弃执着，以全新的自我迎接新世界。人与人都是相伴而行的旅者，只有自己才能走完全程。要成为自己生命的主人，不要成为别人的附庸。新生，其实我们自己可以选择。

庄子说："鱼相忘于江湖，人相忘于道术。"我们结伴而行走过江湖，最终，都会因为离散，还是要一个人去看天空和海洋。

人生的困境在于有爱，元好问就感叹："问世间情为何物，直教生死相许"，欧阳修也说："人生自是有情痴，此恨不关风与月"，爱情是浪漫的，但有时也是残酷的，人世间充满了以爱的名义而发生的悲剧。庄子的哲学是"无待"，纠缠于爱的悲欢离合就是"有待"，"有待"就无法逍遥，这就是爱的代价。在庄子看来，既然有些爱让人窒息，为何不一拍两散各自生欢呢？

蒋勋说过："孤独是生命圆满的开始，不能与自己相处，就不会懂得和别人相处。"拥有自我的人，才会久处不厌。

在庄子的智慧中，人生的第三种境界是：找到自我，别以爱之名扼杀了你的自由。

庄子人生哲学的核心是"无待"，然后是"逍遥"。"无待"就是取消一切精神上的樊篱，打开心灵的枷锁，抛弃世俗中的一切欲望，把心放空去有待而无待，人生才能自由。而逍遥是自由的至高境界，逍遥游的"游"字意味深长。这个"游"说的是人生需要游戏精神，这个"游"不是游戏人生浪费生命的"游",而是要有心让心灵自由自在飘荡的"游",是逍遥境界的"游"。

庄子和老子一样,也都喜欢水,喜欢从水中感悟和阐发深邃的"道"之理。老子从流动的水中发现"上善若水"的"道"之德,庄子则从平静的水中阐释了"逍遥于水"的"道"之情。

《庄子》一书里说:"人莫鉴于流水而鉴于止水,唯止能止众止。"用现在的话说就是:人不能在流动的水面照见自己,而对着静止的水面就能够照见自己了。静止的水还能够止住其他流向它的水,静止的事物能使别的事物也静止下来。庄子的"止水",体现了道家"安然""泰定"的心性。面对红尘中熙熙攘攘的喧嚣纷扰,要保持一颗"安然""泰定"的心,不为所动,心如止水。而且,要经常在静静的止水面前反照自己,"鉴于止水",以消除内心浮动的杂念。这就是庄子给道家的内在思想:心不动则万物不动,则安然泰定,逍遥自在。

庄子的"三条鱼",人生的三重境界:不滞于物,不困于心,不乱于人。

做人如鱼,亦如水。

第四节 屁股决定脑袋

很多人经常会纠结"今天出门穿什么?"

我们一贯的思维是:"今天穿什么取决于今天我要见谁?"

看似是根据对象和场合去选择衣服,但本质上是"屁股决定脑袋",也就是"立场问题",主要看你今天"屁股"坐在哪里。如果坐在客人的位置,你就不要穿得喧宾夺主;如果坐在服务的位置,你就尽量穿低跟的鞋子;如果坐在甲方的位置,你就可以按自己的喜好来穿。

所谓"屁股决定脑袋",换一种说法叫作"位置决定想法"。我们所做的举动和决定，很大一部分原因是由我们所在的位置决定的。一个人坐什么位置，往往决定了他思考的角度和范围。这就是所谓的"在其位，谋其政"，而不是"谋其政，在其位。"

最近我们公司招聘了一个行政，24岁，为人活泼，善于交流，是一个爽朗的女孩。刚开始，大家对她都颇有好感，但一段时间后，公司的桶装水经常没水，搞得大家下午忙碌的时候经常因为没有水喝而烦躁，还有公司几次莫名其妙地停电，导致大夏天整个办公室开不了空调特别闷热。这些情况出现了多次后，我找她来询问她的工作内容和工作方法，目的是看她工作哪里出了问题，是否需要帮助。

令我惊讶的是，她找了一大堆理由，譬如送水的工人不好沟通、送水的时间预约起来不灵活、物业下班太早没有交上电费等，但就是没有说她要怎么解决这些问题，反倒跟我探讨起了公司战略和发展，并且给公司的业务部门提出了一大堆的建议。后来，试用期刚过，我就通知人力资源部辞退了她。

其实原因很简单，"屁股"决定脑袋，所以先看"屁股"，显然她搞错了自己的工作立场。

作为行政，她的屁股就要坐在行政的位置上去考虑问题，首先，她没有完成好自己的基本工作，保障好大家的后勤服务，还给大家多次带来了麻烦。其次，事后还不知道反省自己本职工作，反倒站在我的位置去批评指责业务部门。

这看似是一个小问题，但也是很多公司非常普遍的一个现象：基层人员天天探讨公司战略，给公司指出了一堆的发展问题；而高层人员反倒天天探讨基层员工的鸡毛蒜皮，给公司制定出一系列的员工管理条例。

所谓的公司内耗，其原因大部分是"脑袋决定了屁股"，天天替别人瞎操心，没有找准自己的位置，也没有在自己的岗位上发挥出最大的价值。

比如一个公司的老板，考虑的就是公司如何发展，如何增加利润；而业务人员考虑的就是如何创造更多的业绩，增加自己的收入。简言之，不同阶级的人，不同社会背景的人，他们的想法会有着相当程度上的偏差，而这种偏差，是由他们所处的位置不同带来的。所以，要想跟某人打交道，就要知道他想的是什么，他最关心的是什么；而要知道他最关心的是什么，那就先要看他在什么位置上，从他的角度去思考了。

几年前我们探讨过一个问题："学习完系统的领导力课程就能当领导了吗？"

大概率情况下是不能的，因为位置决定想法。一个人坐什么位置，往往决定了他思考的角度和范围。换句话讲，领导岗位的获得并不一定遵循先有想法或者是本事才能够当上领导的逻辑，很多人其实是先做到了领导，才有领导的能力。《红楼梦》开篇，贾雨村断案时想，原来当官没别的诀窍，无非是看脑袋指挥屁股，还是屁股决定脑袋。意思是屁股坐在什么样的职位上，脑子里就会有相应的想法。

网上有个问题，领导思维和下属思维差别到底有多大？

很多网友回答说：领导有前瞻性思维、领导有责任担当、领导有大局观等等，能够列出一系列的能力。但除了领导，团队当中的优秀成员基本上都具备这样的能力，很多时候下属和领导的差距并没有你想象中那么大，唯一的差距就是位置不同。领导位置坐久了，对某些事情更加熟悉，沟通更加顺畅，这些都是可以用时间来解决的，基本拉不开差距。

因为这中间还有个"机遇"问题，任何一个大咖，在和你分享升职加薪经验的时候，都会不自觉地将功劳归属于自己的能力，而忽略了天时地利人和对自己的帮助，这是人的天性。我们在管理学中，学习如何向上管理、向下管理、平级管理等这些专业名词时，可能从来没有人教你"如何制造或把握当领导的机遇"，这就要深度理解"什么是屁股决定脑袋"。

第一，提升解决问题的能力。这是最核心的能力，也是领导岗位最基本的能力，包括业绩提升、项目推进、事务性工作规范等，一切让领导烦恼的事情，只要你拥有超强的问题解决能力，就能够很快地在公司当中脱颖而出，进入领导的视野。

第二，搞清楚你领导的职业方向。你的领导如果一直在自己的岗位上，你又选择跟着他，那你一辈子也当不了领导。除非你的领导再上一层，你才有可能跟着往上走。例如：你的领导已经是副总裁了，公司也就那么两三个副总裁负责整体分管，他的薪水有可能接着往上涨，但职级不可能再往上涨了。再或者，你的直接领导位高权重，是老板的嫡系部队或者就是老板本人，你再怎么努力也无法超越你的直属上司，公司的层级结构也决定了你的屁股最高也只能坐在他们下面的位置，这个时候你需要仔细考虑自己的职业规划。

第三，很多领导是跳槽跳出来的。基于第二点，要想升职，就必须在适当的时候通过跳槽来解决，这就是现状。虽然跳槽有风险，但是很多人的领导岗位都是这么来的。

第四，做一个忠诚的跟随者。紧紧地跟随领导，成为领导的嫡系，伴随领导一起成长，这也是很多人的成长路径，自己的能力至少要中等偏上，成为领导的嫡系部队之后能获得别人没有的机会。

《鬼谷子》云："故说人主者，必与之言奇。说人臣者，必与之言私。"在这里，"说"意为游说、说服的意思。也就是说，要想说服"人主"，也就是老板，你的见解必须得新鲜点儿，因为老板每天听到的说辞太多了，而且也很忙，如果你讲的陈词滥调不能在几句话内打动他，他就没耐心再听下去了；可如果你想说服的只是个"人臣"，也就是打工人，那就必须谈点跟他切身利益相关的东西，口口声声谈企业如何发展，是得不到"人臣"的共鸣的。

给"屁股"更好的位置，才能让脑袋有处安放。机遇能帮助我们快速成长，成长了自然会迎来更好的机遇。

第五节 不是做不好，而是没有出错的勇气

哈佛大学心理学家艾伦·兰格曾做过一项研究，她把参加实验的志愿者分成三组，让他们做即兴演讲。她告诉第一组参与者"尽量别出错，出错是非常不好的"，告诉第二组参与者"可以出错，出错是在所难免的"，告诉第三组参与者"请故意犯一个错误，然后继续讲下去"。

结果，第三组参与者表示，他们在演讲中感觉最舒服、最没有压力，而观众对这些有明显错误、不够完美的演讲反而评价最高。

研究者对于这个结果的解释是：期待和焦虑就像一枚硬币的两面，当我们越期望事情进展得顺利、完美，往往越容易焦虑和紧张。而当我们把对完美的追求抛在脑后，用一种好奇、接纳的态度去对待错误，反而更加放松和专注，也就表现更优秀。

有时候事情不是做不好，而是没有出错的勇气。

成长路上，似乎所有人都在教我们怎么规避错误，但是很少有人教过我们应该怎样面对挫折，怎样在磨难中依然拥有出错的勇气。

哈佛大学"最受欢迎导师" 泰勒·本·沙哈尔博士说："永远不要让一个好的危机白白浪费掉，学会失败，否则就无法学会学习。"

一个人最大的错误，就是害怕犯任何错误。

脑科学家谢伯让在1999年曾做过一个实验，他想了解"天才的起源"，也就是创意是如何产生的。他发现：大多数成功人士，包括居里夫人、爱迪生、爱因斯坦、达·芬奇、米开朗基罗，都有一个共同的特征——非常愿意失败。他们失败的次数超过很多人，但他们还是不断地尝试、不断地失败。

爱迪生曾经被记者采访时问道："爱迪生先生，你在电池方面研究了很多年，超过一千多次的实验，都失败了，请放弃吧，我觉得这是不可能的。"

爱迪生回答说："我没有失败一千多次，我是成功了一千多次，因为我知道哪些材料不能做电池。"

爱迪生是人类有史以来最有创造力的天才之一，他注册了一万多个专利，发明了电灯泡、电影投影仪、留声机（世界上第一个 MP3）等，他在研究电池的时候，其他的科学界人士也在研究，但大家都没有成功。

敢于出错，学会在失败中汲取经验，才能取得进步。

我们儿时学习走路和说话，是不是在不断地摔倒和出错中才学会的呢？长大后，我们却如此害怕出错，有时因为一点小错误就焦虑到寝食难安。

《礼记·中庸》里写道："知耻而后勇"，意为知道羞耻就接近勇敢了，明白自己错了就到勇敢的时候了。这里的"勇"是"勇于改过"的意思，把羞耻和勇敢等同起来，意思是要人知道羞耻并勇于改过是一种值得推崇和赞扬的品质。

春秋时期，吴越交兵，越国兵败。越王勾践入吴宫，做了吴王夫差的奴仆。勾践知耻而后勇，获释回国后，他卧薪尝胆，访贫问苦，任用贤才，发展生产。十年生聚，十年教训，终于国家富足，军队精壮，一举灭掉吴国，勾践也成为春秋霸主。

勾践在磨难面前不自暴自弃、迎难而上，这种"勇"是一种奋发的精神状态，耻辱从来都是具有两重性的，既是一个挑战，又是一个机遇；既是一种障碍，又是一种锻炼。"知耻"是一种反思，正确认识自己的不足，"后勇"是一种蓄力，找到适合自己的方法。

在《你不是失败，只是差一点成功》中，有这样一个故事：

在一个春日下午，哥伦比亚大学射箭队的女运动员们为一场全国性比赛做准备，她们来到贝克田径综合楼进行射箭训练。一名队员正在练习，她的教练站在她身后一个很远的地方，边拿着望远镜看，边报数，她先射了 7 环和 9 环，紧接着连中两次 10 环，但在最后一次，她脱靶了。

他们有一个悖论：偏离目标，才能命中目标。他们时常与"差一点成功"打交道，也会在一次次的尝试中正中靶心。"差一点成功"并不等同于失败，而是对自己的再次挑战。只有做到了一次次的尝试，才能正中目标。

一个人所有的焦虑几乎都源于"不允许自己出错"，在那个看似完美形象的背后，总是深藏着一颗脆弱不堪的玻璃心。

以色列社会心理学家谢洛姆·施瓦茨和同事在研究中发现两种价值观截然不同的人。

一种人更愿意穷尽所有可能的选项，只为从中挑选出那个唯一的最棒的选择，这类人被命名为"选择最佳者"。另一种人只要找到差不多的那个选项，就心满意足了，他们叫作"知足者"。

选择最佳者要花较长的时间进行选择，而做出来的选择看起来会比那些知足常乐者迅速做出的选择要好很多。然而悲哀的是，他们仍然会对自己的选择不甚满意。更悲哀的是，总体而言，与知足者相比，选择最佳者过得相对更加不幸福，心态更悲观，生活满意度更低，并且更容易后悔、自责和抑郁。

大量心理学研究已证实，完美主义心态导致抑郁和焦虑，降低生活质量，这种消极影响已经影响了部分人的生活。他们急需改变的，是对出错这件事的态度。

老子说，如果你想要了解人，你必须要了解大自然之道。自然之道指出成长来自于衰败。

一个人既要有出错的勇气，也要有"知耻而后勇"的智慧。一件事宁可出错，也不要留下终生遗憾。

第六节 一个人越活越值钱的四种能力

前两天刷抖音，看到了俞敏洪在直播带货农产品，一边带货一边讲课，知识输出源源不断，这让他的带货很有趣且充满了价值。就像他曾经说过的那句："与其有钱不如值钱"。

一个人越活越值钱的能力有哪些呢？

第一，健康能力

"正如工作能力、生存能力、沟通能力一样，健康能力也是当代都会人群中必不可少的一种能力。"这是在广州发布的《2020中国都会人群健康能力蓝皮书》得出的结论。

蓝皮书从目前大众关注较多的身体健康、心理健康、社交健康和财务健康等四个维度及16个具体指标来构建评估体系，解读都会人群的"健康能力"现状，并鼓励人们积极行动，更全面地构建健康能力，实现对延长健康寿命的渴望。

所谓"健康能力"，其实可以理解成让自己保持健康状态的能力。我们要从更广泛的维度来综合评估自己的健康能力状况，包括身体健康、心理健康、社交健康和财务健康等。

一位心理学家曾做过一个情绪实验：他把刚出生的两只小羊分别放在不同的环境中生活，一只散养在大草原上，让它随意奔跑，另一只拴在一头狼的旁边，每天被狼盯着。一段时间后，草原上的羊长得非常健康，而被拴着的那只羊却死了。它不是被狼吃掉的，而是面对凶恶的狼，终日惶惶不安，无心觅食，最后过度焦虑而死。

心理疾病有时候远比生理疾病更可怕，长期处于负面情绪会对健康有诸多危害。

有一个专有名词叫"癌症性格"。现代医学发现，长期处于焦虑、恐慌、悲哀等情绪中，这些情绪会以一种慢性的、持续的刺激来影响和降低机体的免疫力，增加癌症的发病率。

依照《健康中国行动（2019—2030年）》的要求，到2022年，我国居民人均预期寿命将达到77.7岁；到2030年，居民主要健康指标水平进入高收入国家行列。但另一方面，随着工作压力增大、作息不规律、饮食不健康等现象，大量人群患上了"生活方式病"，特别是在都会人群身上体现得更明显。

有人说：大城市容不下身体，小城市放不下灵魂。

有时候，生活的环境影响了我们的生活方式，但不论在哪儿，我们都可以选择属于自己的生活方式。本着"预防"大于"治疗"的原则，在生活方式的选择上要注重培养健康的好习惯，如早睡早起、坚持锻炼、按时吃饭、睡前泡脚等，通过"健康预防"来增强健康能力。

健康能力，不仅是指你的身体本身足够健康，还要有强大的内心、情绪稳定、生活方式积极。

照顾好自己的身体和情绪，你的人生就已经赢了一半。

第二，自省能力

曾有人问泰戈尔："世界上什么最容易？什么最难？"

泰戈尔这样回答："指责别人最容易，认识自己最难。"

有人说，不懂得自我反省的人只会从生活的这个坑掉进另外一个坑。人与人最大的差别不在于是否犯错，而在于犯错后的自省态度。如果反省改正，一切就会朝着好的方向发展；如果终日抱怨，只能陷入抱怨的恶性循环。

网上曾有人提问："有没有一种方法能最大程度降低人生出错的可能性？"

其中一个高赞回答是：学会自省。

以前我是一个急脾气的人，创业初期，一遇到事就想当机立断，做错过决定，用错过人，但那个时候从来没觉得自己是错的，那段时间，整个人像打了鸡血似的，谁的话都听不进去。后来，当每次遇到实际问题时，身边没有人能给我建议和帮助，反而都在远离我。最终，第一次创业以失败告终。为此，我有一段时间陷入了深深的自我质疑，从一个极端走向了另外一个极端……

回头再看，我明白了一个道理：很多时候，事情本身并不糟糕，只是我们缺乏自省的能力。遇事自省，是给我们自己留一定的时间和退路。反省自己，也是一切变好的开始！

心理学上曾把人分为两类：弱势价值观和强势价值观。两者最大的差别就是碰到事情的反应态度不一样。弱势价值观的人碰到事情最爱问："凭什么？"而强势价值观的人则会问自己"为什么？"归根结底，实则是自省能力的问题。

古人云："行有不得，反求诸己。"意思是，凡是没有达到预期目标，就要从自己身上找原因。也就是我们常说的那句：从自己身上找原因一想就通，从别人身上找原因一想就疯。

一段好的感情，也要学会自省。有时候我们在一段感情中最傻的行为就是着急要结果，看不到结果就又急又闹，殊不知，时间比你选得更好，更周到，因为时间帮我们设置了自省模式。

在《思辨与立场》一书中写道："如果你在生活中有任何时候感受到了负面情绪，一定是因为你的思维方式出现了问题。"

时刻反思，及时修正。懂得自省，是一个人成熟的标志！

第三，深耕能力

这几年中，我们每个人的工作生活节奏都发生了很大的变化。有毕业三年还没有找到工作的，也有工作了几十年被裁员的，更有彻底躺平的，有时候会有这样一种感觉：时代抛弃你，连声招呼都不打。

我有一个朋友，在疫情之前开餐馆，生意特别火爆，本来计划扩店的他，后来因为疫情彻底关门了。这期间，他终于有时间和会员群里的顾客闲聊，并多次翻看了以前顾客的反馈，认真进行了阅读，发现这么多年大家对他们用心改良的创意菜其实并没有特别喜欢，反倒还是对当年初创时期的那款酸辣粉情有独钟。他不禁笑道，这么多年他把大量的时间精力放在了高大上的环境和如何做出更精致的菜品上，没想到大家记住的却只有当年他摆路边摊时的那碗酸辣粉。于是，他用了一年的时间专门研制酸辣粉，除了保留以前的味道之外，还做了很多升级，最后，他做出了一款非常好吃的酸辣粉，通过在线销售取得了比之前更好的业绩。虽然开了很多年的门店关了，但又应运而生了那个默默专注产品本身的酸辣粉工厂。

我们习惯于做自己擅长的事，尤其是尝到甜头后，就会忘了在瞬息万变的时代，仅靠某种能力生存，不见得会一劳永逸。这就像挖井一样，越是纵向深挖，越能获得专业的力量；但同时，如果不进行横向拓展，你的井挖得越深，就越限制了你的进退。

当时代发展，你曾经的骄傲，过往的经验，有时候反倒会成为你继续发展的阻碍。想要在时代漩涡里游刃有余，既要向内深度精进，也要向外广度耕耘。

周密深耕，已经成为这个时代一个人最稀缺的能力。

日本著名动漫大师宫崎骏，坚持了16年，才做出了自己的第一部动画。默默耕耘了21年，才做到从籍籍无名到享誉全球。

莫言57岁那年获得了诺贝尔文学奖，而这一年，距离他开始写作已经过了整整31年。然而，之后他却沉寂了长达8年的时间，8年后，他携新作《晚熟的人》重回读者视野。

真正厉害的人，都懂得深耕自己。

第四，学习能力

最近，看到艾媒研究院发布的2021上半年中国灵活用工专题研究报告中的一组数据：截至2021年底，中国灵活就业群体超过2亿人，相比2020年增加了近3倍。

这是一个充满机会和选择的时代，保持持续的学习能力，不让自己贬值，便能迎接外部环境带来的各种变化。就像博恩·崔西在《让自己更值钱》一书中写的那样："如果你没有通过持续更新和提升自己的技能，那么你的能力就会自动贬值。"

如何培养自己的学习能力呢？

给大家分享一个七二一法则：

普林斯顿大学创造领导中心的摩根·迈克尔和他的两位同事在《构筑生涯发展规划》中提出了著名的七二一学习法则，是观察了很多人的学习效果得出的一个结论，后来经常应用于公司培训。七二一法则的意思是：

七是指：人类70%的学习成效来自"实践中学习"，比如：自身的学习经验、工作经验、生活经验等。

二是指：人类20%的学习成效来自于"向他人学习"，比如：观察周围优秀的同事和导师，以他们为榜样，从他们身上学习。

一是指：人类10%的学习成效来自"正式的培训"，比如读书、单位组织的各种培训等等。

从这个七二一法则中，我们可以看出，人们70%的学习效果还是来自于自身的实践。

日复一日的工作有时候虽然单调枯燥，但是在重复中发现规律和技巧，总结提炼思考，提取经验教训，是非常好的学习训练方式。

虽然我自己也常去给企业上课，但我从来不觉得培养良好的学习能力就是要不断参加各种培训。更多时候，我们要一边学习、一边吸收、一边应用，如果只是一味地有"学习的形式"，而没有把学到的知识实践应用，即使参加再多的培训也培养不出你的"学习能力"。

有一种观点认为，一个人的学习能力要从书籍中获得，读书可以培养良好的学习能力。我认为阅读只是我们获取知识的一种方式，这叫知识储备能力，但对知识理解后的应用才能真正激活一个人的学习能力。

读书，从薄到厚；提炼，从厚到薄。

学习能力的养成关键是：实践、实践再实践。包括知识的实践、技能方法的实践、人际关系的实践、感情的实践、家庭沟通的实践等等。一个人的学历不能代表他的学习能力，一个人的经历也不能代表他的学习能力，学习能力的养成是靠多维度的。

总之，"知"和"行"要在路上。

作家崔鹤同说:"人生是一座富矿,有待于自身去开采。"

每个人身上都蕴含着无穷无尽的潜力,需要靠自己去挖掘和完善。能力如此,人生亦如此。当下即未来,让自己越来越值钱。

第七节 不完美才是生活底色

我的一个同事是处女座,每次闲谈时,她总会不自觉地问大家:"你们觉得我是一个完美主义者吗?"似乎追求完美就成了她的星座人设一样,我经常说她是个被人设绑架的假完美主义者。因为现实中真正完美的人几乎是不存在的,所以这种关于完美的假设本身就没有太大意义。毕竟,不完美才是生活底色。

国学大师季羡林老先生总结过:"不完美的人生,才是真正圆满的人生"。

真正的完美主义者不仅自己很累,也让别人很累,从相处的感受上来说是一种过度消耗。

什么是完美主义者呢?完美主义者的最大特点是追求完美,而这种欲望是建立在认为事事都不满意、不完美的基础之上的,因而他们就陷入了深深的矛盾之中。他们具有一股与生俱来的冲动,将这股精力投注到那些与他们生活息息相关的事情上面,努力去改善它们,尽量使其完美。工作时有一股永不罢休的劲头,但后来都会衰减,原因就在于在工作过程中,不完美此起彼伏,他们根本顾及不了那么多,最后那股稳做不辍的冲动只有认输。

越是追求完美的人,越是伤痕累累。

一个人真正成熟的标志是什么?能接受最好的,也能承受最坏的。

诚然如此,生活的常态就是:有些事你付出200%的努力,也可能不完美,反倒用不完美的心态去做,结果都还不错。这就像手握沙子一样,握得越紧,散落得也越多,还不如适度地松一松。尤其在两性关系上,有些人你用力去爱,结果也会曲终人散，不如多给对方一点空间，也把注意力转移到自己身上，别在追求完美的焦虑中忽略当下的风景。

接受生活的"不完美"，是成年人的基本能力。

当一个人开始接受和适应不完美时，就成长了。人生路上，总有些瑕疵是你不能左右的，我们既然无法改变它，那就学会接受。过度追求完美，会让自己越活越累，明确自己的优势，要知道，"不完美"才是人生真相。

马家辉曾在《圆桌派》中分享过这样一段经历。

因为写稿的特殊性，他通常需要在安静的环境下进行创作，以保持高度的专注。有时为提高工作效率，马家辉还不得不和妻子保持一种"分居"状态。不知道的人，还以为是两人婚姻不和。可实际上，这种在生活中看起来的不完美，却是两人达成的默契。和妻子独特的相处模式，不仅让这种有些"瑕疵"的生活状态充满仪式感，偶尔还能成为马家辉创作的灵感。

对于两人互不打扰的尊重，马家辉曾这样评价："我在经济上养活太太，太太用精神滋养着我。"

不难看出，两人的相处之道便是：给彼此空间，接受生活中的不完美，让自己开心，才能带给别人快乐。真正的幸福，不是凡事尽如人意，而是学会用完美的眼光，来审视自己并不完美的人生。

可能有人会说："我追求完美有错吗？"

当然没错，追求完美本身就是一种积极的生活态度，如果过于安于现状，将会使我们没有了高远的目标，将会让我们失去奋斗的动力，生活就会缺少精彩，生命也会失去了原本的意义。

但是，如果过分地看重完美，过度地去苛求完美，最终会让我们在过于追求完美的过程中伤痕累累。

就如我们想要把一件事情做得非常完美的时候，结果总是没有我们预期的那样完美，或多或少会有小遗憾、小瑕疵，总会有着不圆满的因素存在。

星云大师主张"人生不必过度追求圆满。""半满"的人生哲理就如同一杯水，装太满总会溢出来。

你如果追求完美，将永远无法感到满足。不完美，是生活底色，也是人生常态。

第八节 礼仪就是和自己和解

2020年12月的某一天早晨，醒来后我突然发现自己的右腿发麻，腰部使不上任何力气，动不了了……当时我吓坏了，急忙给朋友打电话送我去医院。后来查出是腰椎间盘严重突出，已经压迫到神经了，需要卧床治疗，以后不许提5斤以上的重物，不许穿高跟鞋……一夜之间，我的30岁遇到的第一个问题竟然是健康问题，最终还是为以前长久的加班熬夜买单了。

在卧床的那段时间里，我读了美国作家瑞秋·卡尔顿·艾布拉姆斯的《与身体对话》，也是第一次看到"体商"这个词。

作者在书中写道："我把身体智慧——体商，看作是一个人健康与幸福的标准。"真正治愈你的，是你身体内部的生命力。也是从那个时候开始，我在思考怎样把"体商"真正地融进工作和生活里。

以前我总自嘲是"土肥圆"，身高一米五八，如果没有了高跟鞋，那套看似霸气的西装瞬间被拉垮，包括出门不化妆、几天不洗头……这些无形中似乎成了自己给自己上的枷锁。

做了这么多年的职业素养课程，讲了上千节课，有时候，我会经常反问自己：学习礼仪的意义到底在哪里呢？是为了养成良好的素养习惯、为了让他人更好地接纳自己，还是为了更好地工作呢？

好像都有，但从教学结果的角度去看，大部分人更多还是为了工作，包括我自己之前也是。譬如，我根本就不喜欢穿高跟鞋，而且知道穿久了脚疼腰累，但为了拥有良好的工作形象就得穿；比起化妆我更喜欢阅读听书，但每次出门还是会花 40 分钟在脸上精雕细琢……

这也让我想到了一个人为什么要学习？

学习不仅要学那些短期看似有用的，更要学那些长期看似"无用"的。这不仅会形成人与人之间的差距，更会拉开一代又一代的距离。所谓素质教育就是不断地向下生根，礼仪如此，素养亦如此，无用之用，方为大用。

礼仪的核心是"敬"，一个"敬"字往往会让我们终生受益。

关于"敬"的解析，在课程中我经常讲到："不仅要敬他人，还要学会敬自己！"但扪心自问，我自己坚持着"敬他人"的原则，而"敬自己"却并没有做好，因为"敬自己"本身是一件不容易察觉的事情。

为什么"敬自己"就这么难呢？

因为，我们大部分人往往是用高标准去"敬他人"，却用低标准来"敬自己"，不会和自己真正的相处，譬如：对自己的容貌不满意、对自己的健康不重视、对自己的情绪很冷漠……

就拿买衣服这件事来说，有多少人是愿意花重金买那些贵的外衣或裙子，却不愿意给自己买几件贵点的内衣或睡衣？仔细算算，一个人一生中在家穿睡衣的时间难道不比在外面穿外衣的时间要多吗？其实，这像极了我们跟别人相处和跟自己相处时的样子。

这几年，越来越多的人在讨论"如何与自己和解"这个话题。

其中有一位网友的回答让人很感动"学会好好爱自己"。

我们是为了自己在努力生活，而不是别人。别人眼中的你是否有缺点不重要，重要的是，你需要从内心真正地开始重视自己。

我想起了之前在看《蛤蟆先生去看心理医生》时，蛤蟆先生和苍鹭有一段对话，非常感同身受。

在蛤蟆先生去做咨询时，苍鹭问他"蛤蟆先生，今天你感觉怎么样？"

蛤蟆先生回答说"你说的'感觉'到底是什么意思？"

蛤蟆并非故意表现得那么愚钝，和许多人一样，他从未有意识地用这样的方式来看待自己的情绪。所以很难用语言来形容，更别提对别人说了。

蛤蟆先生小时候为了得到父亲的夸奖，一味地做一些讨好父亲的事情。

长大了，他独自掌管蛤蟆庄园后，他希望得到朋友的认可。

在一次次迎合别人中，悄无声息地丢失了自我。慢慢地，生活对于蛤蟆先生来说没有了色彩，只剩下黯淡。

讨好别人简单，讨好自己却不容易。

如果有一天，你想讨好自己，那请先给自己多买几款睡衣吧，就像买外衣那样去买几件自己真正喜欢的、舒适的、合体的……

我们与自己的关系，是这个世上最重要、最核心的关系，且将伴随一生。只有当我们向内与自己达成和解，外在生活中的那些问题才能得到根本性的解决。

到底怎样与自己和解呢？

自我和解是指你能对自我心理结构中的内容，如内在价值、情绪、行动，以及不被自己喜欢的部分进行妥善处理，以实现内在的自我良性关系。

要"和解"什么呢？

和解自己的时间，和解自己的情绪，和解自己的健康，和解自己的"不完美"。

譬如，多关注自己、少关注别人，这是在和解自己的时间；不轻易否定自己，可以拒绝一个情绪不好的朋友，这些是在和解自己的情绪；接受最真实的自己，不要把关注点总放在我有多胖多矮多黑这些上面，这是在和解自己的不完美。

要注意的是，爱自己和自私是不同的概念，爱自己是接纳，接纳自己最真实的样子。一个人唯有爱自己，才能够懂得如何去爱别人，去看见并接纳别人最真实的样子。

《乌合之众》中有一句话总结得很到位，"人一旦到群体中，智商就会严重降低。为了获得认同感，个体愿意抛弃是非，用智商去换取那份令人备感安全的归属感。"

就像"敬他人"一样，我们这种向外的礼仪总是会随着年龄不断自我精进，可"敬自己"这种强大的内核礼仪却总在不断丧失。**"敬他人"需修炼技能，"敬自己"要格外走心**。

不浪费时间在烂人烂事上，无论是友情还是爱情，跟谁舒服就和谁在一起，如果累了就躲远一点，你取悦别人的样子其实也并不好看。人生短暂，午夜敬往事一杯酒，清晨敬自己一碗粥。

调整好心态，拐个弯，与自己和解。

第二章　生命是一场仪式

第一节 所有的礼仪都是从读懂自己开始的

一人到深山中的寺庙找禅师求道。

禅师："你来这里干什么呢？"

求道者："我是来修佛的。"

禅师："佛没坏，不用修，要修先修自己吧！"

成长就是修身的过程，不仅要向外发芽，也要向内生根，这个过程也是在读懂自己，最终把别人还给别人，把自己还给自己。

佛曰："欲望不是我们的敌人，虚伪才是。愚蠢并不可怕，可怕的是自作聪明。因此，做一个真实的自己，哪怕自己是多么的不完美，对自己坦诚才是改变的第一步，也是最重要的一步"。**一言一行皆礼仪，一举一动皆智慧，礼仪不是要追求完美，而是要读懂自己。**

例如：

我们要在一起很久很久，所以按照顺序慢慢来。这是恋爱礼仪。

别人说话时认真倾听，别着急打岔接话。这是倾听礼仪。

刚入职或者刚进入一个圈子时，少说话多观察总是没错的。这是职场礼仪。

别人欣喜地分享自己出游买东西的信息，不喜欢也不要贬低和嘲讽。这是社交礼仪。

别人在看手机或电脑，不要突然凑上去看别人在看什么。这是办公室礼仪。

别随便借别人的车，一定要借的话，还的时候请加满油并洗干净。这是日常交往礼仪。

尊重别人的隐私，同事正在私聊或打电话，走近时记得发出响声。这是同事交往礼仪。

不要去耗费大量的时间跟别人争论对错，很多时候对错没有意义。这是沟通礼仪。

你对自己都是得过且过，凭什么要求自己的孩子事事优秀。这是言传身教礼仪。

如果有人让你不舒服了，相信自己的感觉，你们可能不是一路人。这是人际交往礼仪。

大大方方地承认别人的优秀和自己的优秀。这是成长礼仪。

……

有一个总统和乞丐的故事：

一位总统带着孙儿散步，有个乞丐向他鞠躬敬礼，总统马上驻足还礼，而且弯腰更深！孙儿不解："他只是个乞丐啊！"

总统回答："我绝不允许一个乞丐比总统更有礼貌！"

不要以为别人尊敬你，是因为你很优秀，其实别人尊敬你，是因为别人很优秀，优秀的人对谁都尊敬。

小礼仪，大智慧。礼仪，是表达敬意的方式，是无声的边界感。既让自己舒适，也让别人舒适。

礼仪，即礼节和仪式。出自《诗经·小雅·楚茨》："献酬交错，礼仪卒度，笑语卒获。"译为："主客间敬酒酬答来往，举动合规矩彬彬有礼，谈笑有分寸合乎时宜。"礼，礼节，是人类有别于所有动物的根本标志。可以说，如果没有礼德的修持，没有礼仪的制约规范，人与动物就没有什么分别。礼德愈高尚、愈饱和，礼仪愈清晰，人就表现得愈加文明。仪，仪式，即仪容、仪表、仪态等方面约定俗成的仪式，共同认可的行为规范。

礼仪作为人际交往的重要的行为规范，它不是随意凭空臆造的，也不是可有可无的。对于礼仪的起源，研究者们有不同的观点，可大致归纳为以下三种。

第一种观点认为：礼仪起源于祭祀。东汉许慎的《说文解字》对"礼"字的解释是这样的："礼，履也，所以事神致福也。也从示从豊，豊亦声。"意思是：实践约定的事情，用来给神灵看，以求得赐福。从中可以分析出，"礼"字与古代祭祀神灵的仪式有关。古时祭祀活动不是随意进行的，它是严格地按照一定的程序，一定的方式进行的。郭沫若在《十批判书》中指出："礼之起，起于祀神，其后扩展而为人，更其后而为吉、凶、军、宾、嘉等多种仪制。"这里讲到了礼仪的起源，以及礼仪的发展过程。

第二种观点认为：礼仪起源于风俗习惯。人是不能离开社会和群体的，人与人在长期的交往活动中，渐渐地产生了一些约定俗成的习惯，久而久之这些习惯成为了人与人交际的规范，当这些交往习惯以文字的形式被记录并同时被人们自觉地遵守后，就逐渐成为了人们交际交往固定的礼仪。遵守礼仪，不仅使人们的社会交往活动变得有序，有章可循，同时也能使人与人在交往中更具有亲和力。1922年《西方礼仪集萃》一书问世，开篇中这样写道："表面上礼仪有无数的清规戒律，但其根本目的在于使世界成为一个充满生活乐趣的地方，使人变得平易近人。"

第三种观点认为：礼仪是为表达自身感情而存在的。在没有礼仪存在的时候，人们祭祀天地根本无法表达心中的敬畏，后来才出现了礼仪，如同语言一般，因为需要才产生的，后来拓展到向长辈行礼来表达本身的敬意。到贵族阶层出现，礼的意义发生了扭曲，使之在不尊敬的情况下突出自身的地位，因此礼丢失了本质而变成了礼节。存有敬意施礼才是真正的礼。

从礼仪的起源不难看出，礼仪是在人们的社会活动中，为了维护一种稳定的秩序，为了保持一种交际的和谐而应运产生的。一直到今天，礼仪依然体现着这种本质特点与独特的功能。不论是来源于祭祀、风俗习惯，还是为了表达自身的情感，礼仪让我们的人性有所约束，同时，也让我们的灵魂有处安放。

在我看来，礼仪也是一种无声的边界感。礼仪让我们学会如何和别人相处，如何交谈有度，如何收放自如。以前固执地认为这种边界感来源于不断的模仿，譬如标准化的动作、模板式的话术和套路般的交际，后来发现不对，所有这些都敌不过真诚的眼神、反思的态度和炽热的内心，我称这些为"舒适的边界感"，也可以叫作"软实力"，是每个人都拥有的潜在能力。

舒适的边界感有个很重要的前提，那就是如何和自己相处？当我们自己别别扭扭时，别人也会感到不适；当我们心口不一，别人也会审时度势；当我们虚情假意，别人也不会感到真心。简言之，我们的行为举止首先应得到自己的喜欢和认可，别人才能感觉到舒适，这种舒适是一种无声且强大的力量，就像真诚是一种能力，反省是一种能力，热情也是一种能力一样。所以，所有的礼仪都要从读懂自己开始。

就如同开篇禅师说的那句："佛没坏，不用修，要修先修自己吧。"先读懂自己，再阅读他人。

有一场辩论赛，辩题的内容是这样的：

正方辩题：从未在一起更遗憾。

反方辩题：最终没有在一起更遗憾。

很多网友纷纷留言说从未在一起更遗憾。我个人倒觉得，最终没有在一起更遗憾。换个说法，考 59 分比考 0 分更难过，相比从未拥有，最难过的是差一点就可以拥有。

当我们谈起成长，很多人会因为错过而遗憾，但人生最遗憾的难道不是我们错过了当下正在成长的自己吗？因为我们差一点就可以成为更好的自己，不是吗？每个人终其一生，其实都是在成长中与自己和解，而非错过；在修行中与琐事同行，而非遗憾。我们大部分人都是爱别人容易，爱自己却很难，每天不断努力，却总是忘记奖励那个正在努力的自己。活在当下，敬爱自己，欣赏别人不要超过欣赏自己。

杨绛先生说："我们曾如此渴望命运的波澜，到最后才发现人生最曼妙风景竟是内心的淡定和从容。我们曾如此期盼外界的认可，到最后才知道，世界是自己的，与他人毫无关系。"

礼仪的核心是一个"敬"字，即"敬自己，敬他人"。"敬他人"是一种素养，"敬自己"是一种能力。所有的礼仪都是从读懂自己开始的！

第二节 "子曰"创始人与"礼"

听一位在小学工作的老同学说,当代小学生最怕文言文和周树人,我就笑着问她,就没人怕"子曰"吗?于是我俩一起哈哈大笑了起来,那可是我们童年的噩梦啊!估计也是很多人挥之不去的晨读阴影。

记得大学时期和同学一起去曲阜玩,来到底蕴深厚的"三孔",感受礼仪之邦的魅力。走进孔庙,碑林满目,古木参天,第一次这么近地仰望这位久违的"老熟人"。穿过孔府,五柏抱槐,枝繁叶茂,入"圣人之门",接受一次文化的洗礼。到达孔林,碑石如林,石仪成群,未知生焉知死,除了墓冢,还有无尽的追思。"千年礼乐归东鲁,万国衣冠拜素王",你可以没有信仰,但要永远相信智慧。

美国1980年出版的《人民年鉴手册》曾列出世界十大思想家,孔子被推举为世界十大思想家之首。据统计,《论语》在全球最重要的十本名著中,被翻译的数量居第二位。著名的汉学家李约瑟在《中国科学技术史》中推测:"早在公元2世纪,关于儒家的学说似乎已经传入欧洲。"

孔子出生于周朝的礼制和统一遭到破坏的时代,所以孔子的理想是"兴灭国,继绝世,举逸民,天下之民归心焉。"孔子实现理想的方法是推行"仁爱"和"礼制",为此他创立了儒家学派。他是整个世界的孔圣人,影响两千多年的华夏大地,至今经久不衰。孔子的儒家思想对文明起着不可替代的作用。没有孔子,何谈文明?

一、中国为什么是"礼仪之邦"?

中华民族自古以来素以重"礼仪"而著称。古时候,许多来到中国的外国友人,看到这里的人们普遍接受礼仪的教化与熏陶,在言行举止上以礼仪为美德,以至于人们待人谦恭温和,相互间关系融洽,心里钦羡之余,发出由衷的感叹,称中国为"礼仪之邦"!欧洲18世纪的几位大思想家:英国的坦布尔、法国的伏尔泰、德国的莱布尼兹和沃尔夫等,都非常推崇以礼仪为主要内容的孔子学说。

坦布尔认为孔子学说是一部伦理学，涉及政治道德、经济道德、公众道德和私人道德。他说："政府无道德，老百姓无法安居乐业；老百姓无道德，政府无法安定与正常运转。"伏尔泰认为孔子礼仪中所宣扬的都是高洁的道德，非常实际，他要求欧洲人面对中国文化一要赞美，二要自惭，三要模仿。他们由于有如此鲜明的学术取向，被他们的同胞戏称为"欧洲孔子"。

孔子毕其一生制礼作乐，着眼于社会的稳定和老百姓的安居乐业，为此他要通过礼、乐把大家往文明之路上提升。他的努力在两千多年后的欧洲得到很多外国同行的高度评价，是其思想魅力所致。由此亦可令我们相信当年他们给予中国"礼仪之邦"的赞誉，绝非溢美之词，而是对我国古代精神文明所达到的较高水平的肯定。

二、礼仪在历史上的高光时刻

何谓"礼"？何谓"仪"？中国古代的"礼"和"仪"，实际是两个不同的概念："礼"是制度、规则和一种社会意识；"仪"是"礼"的具体表现形式，它是依据"礼"的规定和内容形成的一套系统而完整的程序。所谓"礼仪"，是指人们根据各民族文化风俗而建立起来的一整套进行社会交往的行为规范与准则，具体表现为礼貌、礼节、仪表、仪式等。它是人类文明的产物，是一种可传承的文化积累和精神财富。

礼仪的发展经历了以下几个阶段：

1. 礼仪的起源

礼仪最早出现在夏朝以前（公元前21世纪前）的宗教活动——祭天地鬼神祖先，是礼仪的最早形态。这个时期的礼仪还比较简单，没有形成制度。

2. 礼仪的形成

到了夏、商、西周(公元前21世纪—前771年)，人类已经进入奴隶社会，统治阶级为了巩固自己的地位，把宗教礼仪发展成礼制，这个时期的礼仪都是强制性的，而且尊卑分明，礼被打上了阶级的烙印。

在这个阶段，中国第一次形成了比较完整的国家礼仪与制度。古代的礼制典籍亦多撰修于这一时期，如周代的《周礼》《仪礼》《礼记》就是我国最早的礼仪学专著。在汉以后两千多年的历史中，它们一直是国家制定礼仪制度的经典著作，被称为礼经。《周礼》中的"五礼"就是一整套涉及社会生活各方面的礼仪规范和行为标准。祭祀之事为吉礼，冠婚之事为嘉礼，宾客之事为宾礼，军旅之事为军礼，丧葬之事为凶礼。

周礼使三代以来的传统之礼得到了极大程度上的理论提升，为中华民族成为"礼仪之邦"奠定了坚实的基础。

3. 礼仪的发展变革

春秋战国时期（公元前771—前221年），是我国从奴隶社会向封建社会转型的时期，在此期间，相继涌现出孔子、孟子、荀子等思想巨人，发展和革新了以往的礼仪理论。

"不学礼，无以立"。孔子认为"仁"是道德、政治的最高理想，而"礼"是"仁"的外在体现，"礼"既是帮助个体克己以修心的一种外在的道德规范，又是协调人际关系、稳定社会秩序的礼节形式，还是使国家臻于郅治的政治制度，把"礼"看成是治国、安邦、平定天下的基础。

孟子把礼解释为对尊长和宾客严肃而有礼貌，即"恭敬之心，礼也"，并把"礼"看作是人的善性的发端之一。

荀子把"礼"作为人生哲学思想的核心，把"礼"看作是做人的根本目的和最高理想，"礼者，人道之极也"。他认为"礼"既是目标、理想，又是行为过程。"人无礼则不生，事无礼则不成，国无礼则不宁。"

4. 礼仪的强化时期

从秦汉到清末（公元前221—公元1911年），礼制是维护封建社会等级秩序的工具。这一时期礼仪的重要特点是尊君抑臣、尊夫抑妇、尊父抑子、尊神抑人。在漫长的历史演变过程中，它逐渐变成为妨碍人类个性自由发展、阻挠人类平等交往、窒息思想自由的精神枷锁。

公元前221年，秦王嬴政建立了中国历史上第一个中央集权的封建王朝，秦始皇在全国推行"书同文""车同轨""行同伦"。秦朝制定的集权制度，成为后来延续两千余年的封建体制的基础。

西汉思想家董仲舒把封建专制制度的理论系统化，提出"唯天子受命于天，天下受命于天子"的"天人感应"之说。（《汉书·董仲舒传》）他把儒家礼仪具体概括为"三纲五常"。汉武帝采纳董仲舒"罢黜百家，独尊儒术"的建议，使儒家礼教成为定制。"三纲"即"君为臣纲，父为子纲，夫为妻纲"。"五常"即"仁、义、礼、智、信"。到了明代，忠、孝、节、义等名目日趋繁多。清朝入关后，逐渐接受了汉族的礼制，并使其复杂化。

5. 现代礼仪

辛亥革命之后（1912年至今），受西方资产阶级"自由、平等、民主、博爱"等思想的影响，中国的传统礼仪规范、制度，受到强烈冲击。

五四新文化运动对腐朽、落后的礼教进行了清算，符合时代要求的礼仪被继承、完善、流传，那些繁文缛节逐渐被抛弃，同时接受了一些国际上通用的礼仪形式。

新的礼仪标准、价值观念得到推广和传播。改革开放以来，随着中国与世界的交往日趋频繁，西方的一些礼仪、礼节陆续传入我国，同我国的传统礼仪一道融入社会生活的各个方面，构成了现代礼仪的基本框架。

6. 现在，礼仪已经起了"准法律"的作用，大家对精神文明——礼仪越来越重视，并自觉遵守和维护社会礼仪。

鲁迅对孔子有批评，但又是心存敬意的。

美国诗人、哲学家爱默生认为"孔子是全世界各民族的荣耀""孔子是哲学上的华盛顿"，表示"对这位东方圣人极为敬仰"，并经常引用孔子名句："朝闻道，夕死可矣。"

孔子是一位伟大的教育家，他创办私学，提出"有教无类"的口号，在古代率先打破"学在官府"的贵族垄断文化格局，提出在平民阶层中普及文化教育，而且身体力行。他以其独特的人格魅力征服了时光，让仁爱永远活在每个人的心中。

他离去了，却也从未离开。

第三节 您好，戴老师！

问：戴老师是谁？

答：西汉时期两个姓戴的男人。

问：他们干了啥？

答：编撰了《礼记》。

问：《礼记》是什么？

答：一部专门研究礼学的古代著作，被列为"五经"之一。

一个人读过的书，到后来大概率会忘记，那读书的意义到底是什么呢？正如我们吃过很多食物，但大部分时候都记不清吃过什么，但可以肯定的是，它们中的一部分，已经长成了我们骨头和血肉。读书对人的改变我想也是如此吧！

你读过的书、走过的路、爱过的人，时间久了，那些细枝末节可能你自己都忘了，但剩下来的就成了你的修养，代代相传，生生不息……

1. 您好，戴老师！

这篇以"您好，戴老师！"命名的主要原因是因为很多人居然都不知道戴老师，而且戴老师指的是两个人，即"戴德和戴圣"，戴德是戴圣的叔父，其中戴圣所汇编的《小戴礼记》又名《礼记》是三礼中对后世产生影响最大的一部，所以戴老师是属于典型的"歌红人不红"。

《礼记》的作者，历来盛行的说法是西汉戴圣所辑。据文献记载："戴德传《记》八十五篇，则《大戴记》是也，戴圣传《记》四十九篇，此则《礼记》是也。"《经典释文·序录》记载晋人陈邵在《周礼论序》中亦云：戴德删古礼二百四十篇为八十五篇，谓之《大戴礼》；戴圣删《大戴礼》为四十九篇，是为《小戴礼》。后汉马融、卢植考诸家同异，附戴圣篇章，去其繁重及所叙略而行于世，即今之《礼记》是也。郑玄也根据卢、马之本而注焉。由于郑玄注解的《小戴礼记》为世人所推崇，致使《小戴礼记》第一次取代《礼仪》成为五经之中的《礼》。到了宋代，《大学》《中庸》两篇原是《小戴礼记》里面的文章，与《论语》《孟子》被朱熹并称四书，并且逐渐得到认可，更是稳固了《小戴礼记》取代《礼仪》的局面。这样，五经中的《礼》终于变成了《小戴礼记》，而不再是《礼仪》。

戴圣，字次君，西汉时人，据《汉书·儒林传》《广平府志》《归德府志》《客家戴氏族谱》《新泰县志》等古文献均记载其为西汉梁国睢阳（今河南商丘睢阳区）人。曾任九江太守，平生以学习儒家经典为主，尤重《礼》学研究。戴圣与叔父戴德曾跟随后苍学《礼》，两人被后人合称为"大小戴"，潜心钻研《礼》学。汉宣帝时，戴圣曾被立为博士，参与石渠阁议，评定五经异同。终生以授徒讲学和著述为业，曾选集战国至汉初孔子弟子及其再传、三传弟子等人所记的各种有关礼仪等论著，编撰成书，被称为《小戴记》，也称《小戴礼记》。咸淳三年（1267年），宋度宗赵禥以其籍贯地诏封戴圣为"考城伯"。

关于戴老师（大小戴），查阅资料时发现关于他们的相关记载并不多，甚至生卒年都不详，他们一生钻研"礼学"，可谓是真正的礼学大师。戴老师对于传播和发展《礼》学有重大的贡献，为后人研究和发展儒家思想文化提供了重要资料。

您好，戴老师！您好，礼学大师！

2. 关于《礼记》

《礼记》又名《小戴礼记》《小戴记》，成书于汉代，为西汉礼学家戴圣所编。《礼记》是中国古代一部重要的典章制度选集，共二十卷四十九篇。

《礼记》是一部先秦至两汉时期儒家关于各种礼仪的论著及礼学文献汇编，是一部儒家关于礼学的代表著作，体现了先秦儒家的哲学思想、教育思想、政治思想、美学思想。简单地说，就是一部接地气且非常实用的日常操作指南，从婚丧嫁娶到投壶饮酒，再到如何说话做事，在《礼记》中都能找到答案。《礼记》作为儒家经典代表作之一，不仅是一部记述规章制度的书，也是一部关于仁义道德的教科书，是历代王朝建立政治制度和人文秩序的主要理论和方法指导书，自古以来对中国文化有着深远的影响。《礼记》全书四十九篇，记载了夏、周、商三代特别是周王朝的典章制度，以及冠、婚、丧、祭、燕、射、朝、聘等礼仪，也杂有汉代初期的礼仪制度。

《礼记》在唐代被列为"九经"之一，到宋代被列"十三经"之中，成为古代士人必读之书。汉武帝时"罢黜百家，独尊儒术"，立五经：《诗》《书》《礼》《易》《春秋》。此时的"《礼》"为《礼仪》。"记"是指孔子弟子对经文所作的解释、说明或补充，因此而得名。《礼记》既可与《礼仪》《周礼》相互补充，又可相互印证，是"三礼"中对后世产生影响最大的一部儒家关于礼学的代表著作。

《礼记》继承和发挥了先秦儒家的伦理思想，以整体性、相关性的视角看待社会与人生。

《礼记》中对时间结构的意义的认识主要有三方面：一是自我关系中的内

省；二是社会历史的延续；三是出于对超越的天道的领悟。说内省是时间结构，是因为内省本身是解读者自己在历史性结构中得到确立和理解，它体现了变易与递承关系，不仅意味着某种历史结果，而且是未来得以建构的条件。《礼记》中继承了儒家思想的这一特点，所以十分突出"反躬""内省""自反""自尽"。

《礼记》中《中庸》《大学》均突出"修身"的意义。"君子不可以不修身""知所以修身则知所以治人""身不修，不可以齐其家"。

《礼记》中的教育思想主要体现在《大学》《学记》《中庸》三篇中。

《大学》着重阐述了大学教育的目的、任务和步骤，提出了一个完整而概括的政治、道德教育的纲领和程序，认为大学教育的目标是："大学之道，在明明德，在亲民，在止于至善。"亦称为"三纲领"。为实现大学教育的三个目标，《大学》又提出了格物、致知、诚意、正心、修身、齐家、治国、平天下这八个步骤，或称"八条目"。《大学》将个人的学习、教人、政治等几个过程自然地联系起来，以道德观念的认识（格物、致知）为起点，以道德信念的建立（正心、诚意）为中心，以道德自觉性的培养（修身）为根本要求，以齐家、治国、平天下为实践目标，使得八条目实际上成为一个过程和整体，构成了儒家的道德教育体系。

《学记》作为中国古代最早的一篇教育论著，对先秦时期的教育和教学，第一次从理论上进行了较为全面系统地总结。

《中庸》是一篇中国古代讨论教育理论的重要论著，像我们所熟知的"博学、慎思、明辨、笃行"就出自《礼记·中庸》。

此外，书中大量记载了包括称谓、辞令、服饰、家教、尊老、丧祭、教化、礼俗等在内的古代文化史知识，几乎涉及到社会生活的所有方面，对于读古书，传承中华文明，是难得的文化宝库。

中国当代许多大学从《礼记》中借用一些名言警句作为校训。如河南大学校训为"明德新民，止于至善"，厦门大学校训为"自强不息，止于至善"，东南大学校训为"止于至善",复旦大学校训为"博学而笃志打样,切问而近思"等,这些校训影响着大学办学理念和价值取向,影响着当代文化教育和德行教养。

从《大戴礼记》到《小戴礼记》,《礼记》道尽了人生,戴老师却一直默默无闻!

谨以此篇向《礼记》汇编者戴老师致敬!

第四节 生命是一场仪式

生唤醒了死,死潜伏于生,我们每个人的生命都是由一场又一场的仪式组成的。

德国哲学家马丁·海德格尔在《存在与时间》里面用理性的推理详细地讨论了死的概念,并最终对人如何面对无法避免的死亡给出了一个终极答案:生命意义上的倒计时法——"向死而生"。海德格尔指出,人只要还没有亡故,就是向死的方向活着。这个存在者的一生贯穿着走向死的整个过程,这个过程是先于亡故的存在形式。在这个向死的过程中,人能真实地感受到自我的强烈存在感,自己在这个向死的过程中"在场"。所以,死的过程与亡的结果相比较,这个向死的过程更本真,更真实。

这几年流行一个词——仪式感,但请不要把仪式和仪式感混淆。仪式感无处不在,且外在呈现上没有固定的方式和要求。但仪式不是,仪式只能是我们生命中固定的时刻,由固定的秩序组成,有要求、有敬意且庄重。

向生而死,向死而生,不论生死,不过仪式一场。

一、诞辰礼

1. 洗礼

当我们出生来到这个世界，我们称"洗礼"，其主要仪式是为婴儿洗澡，俗称"洗三"，含有消除污秽、消灾免祸的用意。据说这一礼俗在唐代时期已经盛行。

2. 满月礼

婴儿出生一个月后举行的庆贺礼，称为"满月礼"。此时祭祀神族，宴请亲友。众多礼仪中，为婴儿剃"满月头"的仪式应严肃而隆重。婴儿的胎发是从娘胎里带来的，不能全剃光，一般要在额顶留一绺"聪明发"，脑后留一绺"撑根发"；剃下来的胎发要妥善收藏。

据说这一天，还要抱着婴儿走动走动，让他们出门见见世面。到各处兜一圈，称为"兜喜神圈"。听说这样一兜，孩子长大后就不会再怕陌生人了。这个仪式象征着小孩终将离开母亲的怀抱，走出家门，独自闯荡外面的世界。

3. 百日礼

婴儿出生一百天称"白晬"，也称"百日礼"，含有"圆满、完全"的象征意义，一般在婴儿出生的第九十九天过。由亲朋好友来送贺礼。

所送礼物除食品果蔬外，便是小儿衣饰，其中最有特色的是百家衣和百家锁。百家衣是要从许多人家里讨来不同颜色的布头，拼凑做成一件小孩的衣服，五颜六色，别具风采。一般紫色的布块比较难讨要到，紫谐音"子"，谁也不愿意把"子"送给别人，所以只好到孤寡老人那里去寻找讨要。穿百家衣是为了长寿，有的孩子穿到周岁才脱掉。百家锁往往也是收集许多人家的金银（或铜），特地去为孩子打制的，上面一般都铸有"长命百岁""富贵平安"等一类吉祥语，故又称"长命锁"。百家锁的形式多种多样，最简单的是用红线条将铜钱串起来，挂在小孩脖子上，也有用金银打造成的薄片挂在小孩脖子上。

4. 周岁礼

周岁礼是孩子第一个生日，一般也将其看作诞生礼的结束。主人家要享神祀祖，设宴款待宾客。周岁礼中，有一个特别的仪式，俗称"抓周"。父母为了预测自己孩子将来的志向和爱好，会专门准备抓周的礼仪。做法是：给孩子沐浴打扮后换上新衣，在其面前放上纸笔、食品、珍宝等，若是女孩，还要加上刀尺、针线，大人不许引诱，让孩子自己去抓。根据孩子抓到的东西，来预测婴幼儿将来的贪廉愚智和兴趣爱好等。

这种礼俗大约在南北朝时就已形成，北齐颜之推《颜氏家训·风操》云："江南风俗，儿生一期，为制新衣，盥浴装饰，男则用弓矢纸笔，女则刀尺针缕，并加饮食之物及珍宝服玩，置之儿前，观其发意所取，以验贪廉愚智，名之为试儿。"

至此，诞生礼仪才告一段落。

二、过渡礼

1. 命名礼

孩子出生以后，要为他取个名字。据《礼记·内则》记载，先秦时为孩子命名是有一定仪式的，时间一般定在孩子出生三个月后的某个吉日，由父亲握着孩子的右手，另一只手托着孩子的下巴，严肃地为孩子取名。

在古代，人的名字是一个很复杂的礼仪规范。《礼记·檀弓上》记载："幼名，冠字，五十以伯仲，死谥，周道也。"这是说周代的人一般要有四种名字。《左传·桓公二年》记载，晋穆候的夫人姜氏生了两个儿子，名字取得有些怪，就有人大肆议论，认为取这样的名字不合礼制，国家要乱了。可见在古代取名字是一件很慎重的事情。一般来说，传统社会里的人都有小名、大名、字这样三种名字，士大夫阶层又往往有号，有的人死后有谥号。

小名，又称乳名。在三朝（出生第三天）、满月、百日时都可以命名。一般请长者或者有威望的人来取，也有请算命先生来排生辰八字的，认为孩子五行缺什么，就在名字里补进什么。江浙一带则有"上篮秤"取乳名的，将婴儿加上一些吉祥物，放入篮中称重，即以斤两为乳名。鲁迅先生小说中所见的"七斤""九斤"等人名，就是这样来的。乳名一般寄托了家人的期望，寓意吉祥，祈求孩子顺利长大。

大名，也称正名、学名等，一般是孩子入学读书时由老师给取的名字。

字，是名的解释和补充，与名互为表里，又称表字。《礼记·曲礼上》写道："男子二十，冠而字"，"女子许嫁，笄而字"，说明周礼是在成年礼上才给男女青年取名的。

2. 童蒙礼

儿童入学第一天要行童蒙礼，在家时要向祖先祭拜，再向父母跪拜，发誓要好好读书，然后由长辈领着去塾堂，到了塾堂，先向孔子圣位跪拜，再拜见老师。逢年过节，学生家长一般会准备礼物向老师表达感谢之意，以示尊师。进入到近现代以来，废除了私塾，改为现代学堂，传统的跪拜礼也随之取消了，不过很多地方还是会把儿童第一次入学看得很重，会为孩子准备新书包、新衣服等，由家长护送入学，学校的开学典礼也是必不可少，为了欢迎孩子们入学。

三、成人礼

成人礼，指的是男女青年到了一定的年龄，可以婚嫁，从此作为氏族的一名成年人参加各项活动。成人礼须由长辈根据传统礼仪为成年男女举行一定的仪式，才能获得承认。华夏的成人礼，子为冠礼，女子为笄礼。

1. 男子冠礼

古代的冠礼十分繁琐，后世已不再照搬。按照《礼记·曲礼上》云："男子二十，冠而字。"按照周礼，男子二十岁行冠礼，为他取一个名字。按照礼书的记载，简单勾勒下场景：先由其父亲出面请人并占卜算卦，一是确定好吉日，二是定好主持冠礼的人，这个人称为大宾。到了吉日那天，在家族祠堂中举办。被加冠的年轻人身穿童子服，跪坐席上，由跪坐在旁边的司仪替他挽髻，就是把头发梳成成年人的发式，然后把发髻包起来。大宾大声诵读祝词，为其戴缁布冠。一切都完成后，加冠男子起立，到房间去换好相应的整套衣服和鞋子，再出来，向在场的人致意，这就是初加。类似的仪式要重复三次，初加之后，还有再加、三加，每次的冠和相对应的服饰都不同。

在仪式上加冠三次，象征着获得了三重身份，分别象征冠者从此获得了成人、服兵役、参加祭祀的资格，前程远大。随后冠者要在祠堂口拜见母亲。回家后再由大宾为加冠男子取"字"。仪式结束后,主人要隆重设宴款待宾客,并向宾客赠送礼品。

2. 女子笄礼

笄礼俗称"上头礼",是古代女子成年的仪式。《礼记·曲礼上》云:"女子许嫁,笄而字。"《谷梁传·文公十二年》云:"女子十五而许嫁。"由此可见,古代女子的笄礼大概在15岁。

笄,即簪子。自周代起,规定贵族女子在订婚(许嫁)以后、出嫁前行笄礼。行礼时改变幼年的发式,将头发绾成一个发髻,然后用一块黑布将发髻包住,用簪插定发髻。主行笄礼者为女性家长,由邀请的女宾为少女加笄,表示女子已成年,可以结婚。

笄礼的具体流程和冠礼相仿,只是改由女子的母亲出面主持,加笄的人也是女宾。

传统冠礼、笄礼消失很长一段时间后,近几年又兴起了举办成人礼的热潮。成年礼仪是长大成人的标志,通过这一仪式,培养受礼者自身的社会责任心和社会义务,其重要意义是不可抹杀的。

四、婚礼

古代中国人非常重视婚姻关系,认为婚姻是"人伦之基础"。因此,男女之间要经过纳采、问名、纳吉、纳征、请期、亲迎等六道程序,婚姻关系才算正式确定,这就是人们常说的"六礼",这几年在不少古装剧中也有精彩唯美的镜头,致使不少女生对"凤冠霞帔""红男绿女"等装扮感兴趣。

古代婚姻六礼奠定了传统社会里婚姻的基本模式,不过历史上对于婚礼习俗的"损益"和演变从来就没停止过。明清以后,传统婚礼一般又分成婚前礼、婚礼(指迎亲、拜堂等一系列仪式)和婚后礼三个阶段,尤其以婚礼阶段最为热闹。汉族中较为常见的一些婚礼习俗有:定情、做媒、相亲、吃茶、嫁妆、哭嫁、花轿迎娶、传代、拜堂、揭盖头、合卺、吃喜酒、撒帐、闹新房、回门。

任何的形式只有注入了感情才会赋予灵魂,婚礼亦如此。相比过去的婚礼,现在的婚礼虽然简化了许多，也有不少人喜欢简约的西式婚礼以及旅游结婚，但这些都有一个共同的载体——感情。当然，婚礼毕竟是人生最重要的礼仪之一，尤其是在中国，婚礼所表达的感情也是多元的，除了爱情还有亲情和友情。

五、葬礼

记得以前奶奶在世的时候跟我说："我最怕哪一天你们把我忘了……"我想或许心脏停止跳动并不是真正的死亡，当这个世界上没有人再记得你的时候，才是真正的死亡吧！川端康成曾经写道："死亡是极端的美丽，死亡等于拒绝一切理解，生并非死的对立面，死潜伏于生之中。"葬礼是我们这一生唯一不能活着参加的专属个人礼仪，但我们总能从别人的葬礼中去理解"死潜伏于生"。

谈起葬礼，第一个得先说到"孝"，此字最早见于商代，其古字形像一个孩子搀扶老人，意为尽心尽力地奉养父母，引申指晚辈在尊长去世后要在一定时期内遵守的礼俗。西周以来，"孝"的文化慢慢发展起来，《论语》中有"弟子入则孝，出则悌，谨而信，泛爱众，而亲仁。行有余力，则以学文。"说明在孔子这里，孝顺父母、友爱兄弟的道德人伦修养应该放在首位，比学文更基础、更重要。孝又可以简单分为对在世父母的孝顺和离世父母的孝顺，而对离世父母的孝，首先则表现在丧葬之事上。

历史上，由于时代、民族、地域的不同，丧葬礼仪程序都有差异。《周礼·春官·大宗伯》云："以丧礼哀死亡"，《礼记·曲礼下》云："居丧，未葬，读丧礼。"先秦时期，死者地位越高，丧礼越繁缛，用时也就越长，即使是一般人，也要死后第三天才入殓，三个月才落葬，墨子对此就有激烈的批评。据唐《开元礼》记载，一般的丧葬礼程序就有66道。司马光《书仪·葬礼》中的丧葬程序已经大大缩减，也还有25道之多。

今天，根据每个地方的风俗礼仪，常见的有土葬、火葬、水葬、天葬、树葬等，不论如何简化，我想我们更在意的是表达内心的那一份哀悼和敬意，让"孝"更好地传承，也让逝者活在我们的心中被慢点遗忘……

最后，谈谈我对"孝"的理解，我一直觉得"孝"应该是个通假字，通"笑"，我们对父母表达的"孝"礼应该是体现在他们脸上的笑容。这种笑容的体现从我们出生的那一刻就要有，父母年轻的时候我们好好学习、认真工作、结婚生子等，他们脸上有笑容，父母年老时，我们多回几次家、多带他们体检、多关心他们的生活，多做一些让他们脸上有笑容的事情，或许事情很小，但这就是我们平凡人的孝。相比一场盛大的葬礼，生前我们尽心尽力，死后不留遗憾，即可。

我对蝉说："再见，要等来年。"

蝉对我说："他日重逢，要等来生。"

得不到，德不到；德到了，得到了。

人为什么需要仪式感？

因为生命是一场仪式！

第五节 慢即是快，少即是多

一位学僧问禅师："师父，以我的资质多久可以开悟？"

禅师说："十年。"

学僧又问："要十年吗？如果我加倍苦修，需要多久开悟呢？"

禅师说："得要二十年。"

学僧很是疑惑，于是又问："如果我夜以继日，不休不眠，只为禅修，又需要多久开悟呢？"

禅师说："那样你永无开悟之日。"

学僧惊讶道："为什么？"

禅师说："如果你只在意禅修的结果，又如何有时间来关注到自己呢？当你只看见结果，无法静下心来，那反而永远也无法得到那个结果。"

《道德经》有云："少则得，多则惑"，"大器曼（慢）成"。不论学习，还是人生，少即是多，慢即是快。

很多越是展示我们自我能力的事情，就越是需要下足慢功夫。《礼记·大学》中写道："知止而后有定，定而后能静，静而后能安，安而后能虑，虑而后能得。"意思是："知道要达到的目标才能够志向坚定，志向坚定才能够镇静不躁，镇静不躁才能够心神稳定，心神稳定才能够认真思考，认真思考才能够有所收获。""知、止、定、静、安、虑、得"七个字可以说是道出了做人做事的方法，其中"静"是关键点，静下来是有所得的前提。静下来我们才能审阅自己的内心，才有时间真正去思考。

越急，就会越慢；越多，就会越少。在这个快节奏的时代，慢下来，静下来，等等你的灵魂！

截至1911年12月，世界上还从来没有人到达过南极，当时有两位探险家打算完成这项创举，一位是37岁的挪威极地探险家阿蒙森，另一位是40岁的英国鱼雷专家斯科特。他们率领各自的团队在同一时间分两路出发，来争夺人类历史上第一次征服南极的殊荣。这两个团队虽然目标一致，但它们的行进方式却很不一样，主要表现在两个方面：第一个区别是阿蒙森团队无论天气好坏，每天都坚持走30公里，天气好的时候能多走一段儿也不走了，天气不好的时候，即使再难也会坚持走完这30公里。而斯科特团队就比较随意，天气好的时候每天能走很远，达到50至60公里，天气不好的时候就在帐篷里休息，并抱怨着外面的鬼天气；第二个差异是阿蒙森团队用爱斯基摩犬托运物资，而斯科特团队选择用一种比较矮的马。虽然马更强壮，在最开始的阶段走得更快，但马不够耐寒，还没走到一半儿就都冻死了。最后，斯科特团队不得不靠人力来拉雪橇。爱斯基摩犬虽然走得慢，但能在极冷的条件下生存，从而保证了阿蒙森团队的行进速度。最终结果如何呢？相信不用我说你也能猜得到。阿蒙森成功地将挪威国旗插在了南极点上，成为人类历史上第一个征服南极的探险队，并且团队所有成员都安全返回了。斯科特团队不仅晚了一个月才到达，而且在回程的途中，因为糟糕的天气再加上体力透支，导致所有团队成员全部遇难。

　　从这个案例当中，我们可以学到一个教训，对于那种需要长时间才能完成的艰巨任务，最好的做法，不是状态好的时候就多做一点，状态不好的时候就少做一点，而是每天给自己制定一个安全的任务量，不要贪多，但要保证在极端的情况下也能完成，这样才更容易坚持下去。很多人做事情之所以半途而废，往往就是因为他们总是根据自己最好的状态来安排工作进度，状态好的时候当然可以完成，可一旦有个头疼脑热或者意外状况，计划就会打乱，只要放弃一次，后面就很难再坚持下去了。所以，**再差的坚持也好过时快时慢**，正如一位哲学家所说："**永不止息的涓涓细流，远比波涛汹涌的海浪要可怕得多。**"

　　根据多年的工作经验，我总结出一个规律，无论做任何事情，凡是一上来就跟打了鸡血一样用力过猛的，都不会长久。罗马不是一天建成的，所有重大的改变总是在润物细无声的过程中逐渐发生的。所以，对于一项长期任务而言，最重要的并不是速度，而是可持续性，不是你能做多少，而是你能做多久。英国哲学家约翰洛克曾经说过"学到很多东西的诀窍就是不要一下子学很多。"同样的道理，想要做很多事情，最好的方法就是不要一下子做太多，要学会循序渐进，持续发展，日拱一卒，功不唐捐。

　　在墨西哥，有一个有趣的寓言：一群人急匆匆地赶路，突然，一个人停了下来。旁边的人很奇怪：为什么不走了？停下的人说：走得太快，灵魂落在了后面，我要等等它。

　　我们现在都走得太快了，忘了当初为什么出发。不如，让我们试着从当下开始，慢下来。

　　慢即是快，"慢"是增加过程的专注度，"快"是做事情的可持续性，事情的成败不是取决于速度，而是专注度和可持续性。少即是多，"少"是明确目标，"多"是坚持不懈，给目标做减法并坚持不懈，就更容易实现它。

　　"慢"是一种难能可贵的品质，"少"是明确目标后的知行合一，这两者正是我们每个人必修的内力！

第六节 《论语》中经典的 5 句话
——自我提升的 5 个黄金法则

有人说，看完《论语》后，就会发现人生 99% 的问题都能在书中找到答案。迷茫的时候，翻一翻《论语》的篇章，它能帮你找到勇气和方法；痛苦的时候，听一听孔子的智慧，它能给你带来希望与力量。

1988 年，在第一届诺贝尔奖获得者国际大会上，获奖者内斯·阿尔文曾说过一句话："如果人类要在 21 世纪生存下去，必须回到 2500 年前去汲取孔子的智慧。"

《论语》，作为一部记录孔子及其弟子言行的语录，更是让我们能穿越千年时空，面对面和先贤对话。

史学家钱穆说："《论语》自西汉以来，为中国识字人一部人人必读书。"

文学家林语堂也说："《论语》这部书，是孔学上的圣经。"

涩泽荣一更是将其奉为圭臬："我的成功经验就是《论语》+ 算盘。"

有人通过它，悟透了人生哲理；也有人通过它，窥见了普通人成长的秘籍。

《论语》中耳熟能详的 5 句名言，也是自我提升的 5 个黄金法则。帮你化解迷茫，修炼成更好的自己。

第一，合理规划——"人无远虑，必有近忧。"

子曰："人无远虑，必有近忧。"出自《论语·卫灵公》，意指如果没有长远的考虑，就必定会有眼前的忧患。经常用来告诫我们：人活着要用长远的眼光思考问题。有远虑更多是让我们学会"规划"自己。

合理规划不仅能解决眼前的困惑，还能让未来勃勃生机。

有一个"鱼和鱼竿"的故事：

从前，有两个饥饿的人得到了一位长者的恩赐，一根鱼竿和一篓鲜活的鱼。其中，一个人要了鱼，另一个人则要了鱼竿，于是两人拿了东西分道扬镳。得到鱼的人原地搭起篝火煮鱼，将鱼吃个精光。没过多久，他就饿死在空空的鱼篓旁。另一个人带着鱼竿继续挨饿，艰难地走向海边，可快要到海边时，他的全部力气都用光了，只能遗憾地离开人间。同样地，也有两个饥饿的人分别得到了长者恩赐的一根鱼竿和一篓鱼，他们没有各奔东西，而是共同去寻找大海。他们每次煮一条鱼，经过长途跋涉，一起来到海边，捕鱼为生。几年后，他们盖了房子，有了各自的家庭、儿女，有了自己搭建的渔船，过上了幸福的生活。

遇到困境时，你是选择"鱼竿"，还是选择"鱼"？还是共同奔赴大海？

人生如棋，每一步都要给自己留有一定的退路，而不是把自己困在死路上。只有学会在思考中规划，在规划中边走边去思考，最终才能走出属于自己的出路。

第二，慢而有为——"欲速则不达，见小利则大事不成。"

孔子有很多弟子，其中有一个叫子夏。有一年，子夏因为才能出众被派到莒父这个地方做地方官。临行之前，他向孔子请教为政之道。孔子告诉他："欲速则不达。做事情不要那么着急，不要因为眼前一些微小的好处而忘了大局。一味地求快非但不能起到好的效果，反而容易误了大事。"子夏听了深受启发，就带着孔子的教诲上任去了。

子夏是孔子七十二个得意弟子之一，他一生好学，不但学识渊博，而且品德高尚。子夏家境贫寒，但他并不愿意为了一些蝇头小利去争取，因此养成了孤傲而坚强的性格。他一生继承孔子的事业，以身作则，活到老学到老，为后世树立了良好的榜样。

急于求成，反而达不到目的；贪图小利，就办不成大事。

不论做什么事都要循序渐进，一味主观地求急图快，违背了客观规律，后果只能是欲速则不达。一个人只有摆脱了速成心理，步步为营，才能达到自己的目的。人做事眼光要远一点，不仅要看到近期的得失，还要看到长远的影响。俗话说"饭要一口口地吃，路要一步一步地走"。只有经过时间的累积，才能达到梦想的彼岸。

做人做事，放缓脚步，稳而思进，慢而有为。

第三，自我反省——"吾日三省吾身：为人谋而不忠乎？与朋友交而不信乎？传不习乎？"

曾子说："我每天多次反省自己：替别人做事有没有尽心竭力？和朋友交往有没有诚信？传给别人的知识有没有亲身实践过？"

只有这样，才能在审视自己的过程中不断精进，超越自我。

海涅说过："反省是一面镜子，它能将我们的错误清清楚楚地照出来，使我们有改正的机会。""镜子"让我们看到自身的不足，从而检讨并改正。

有一个关于齐白石的故事：

1952年某天，诗人艾青带着一幅齐白石以前的画，拜访已经88岁的齐老先生，请他鉴定真伪。齐白石拿出放大镜，仔细察看了半天，确定是自己年轻时的作品。他不禁感慨道：

"现在人们对我的评价都很高，连我自己都有点洋洋自得了。今天看了这幅画，我才发现如今画作和以前相比，退步实在太大了。"

从那以后，他重新练习起一些最基础的绘画技术，每天都坚持画画，从不懈怠。正是凭借这种反躬自省、孜孜不倦的态度，齐白石最终成为一代宗师。

有句话说得好："从自己身上找原因，一想就通；从别人身上找原因，一想就疯。"聪明人和愚蠢人最大的区别就是，聪明人同样的错误只犯一次，而愚蠢人同样的错误会犯很多次。因为愚蠢的人不懂得自我反省。

自省，只有向内归因，才能向外成长。

反省自己，是一个人成长路上最好的修行。

第四，求同存异——"君子和而不同，小人同而不和。"

"和而不同"是孔子思想体系中的重要组成部分。

"君子和而不同，小人同而不和。"意为：君子可以与他周围保持和谐融洽的氛围，但他对待任何事情都持有自己的独立见解，而不是人云亦云，盲目附和；小人则没有自己独立的见解，虽然常和他人保持一致，但实际并不讲求真正的和谐贯通。

这也是在为人处世当中，君子和小人身上非常显著的一个区别。因为君子博学多闻，所以他的见解、看法，往往很独到、很卓越，与周围人的见解看法都不一样。但即使是这样，他还能求同存异，和平忍让，与人和谐共处。而小人呢，他的见解平庸无奇，往往与众人相同，但是他们争名夺利之心很强，自私自利之心很强，经常勾心斗角，貌合神离，所以他们之间往往不能和谐相处。

聆听他人意见，但保留自己的判断，最好的态度是：姑且听之，但不受控于它。

君子往往会用自己的核心价值，换来别人的钦佩与尊重。敢于不同，坚持自己的观点，但也不伤害他人，给他人留有足够的体面。

和而不同，"和"是一种尊重，也是一种修养。

正如仓央嘉措所说："我以为别人尊敬我，是因为我很优秀。慢慢地我明白了，别人尊重我，是因为别人优秀。"优秀的人更懂得尊重别人，就像礼仪课堂上我们经常讲的那句："尊敬别人其实是在庄严自己。"

和而不同，是中华五千年文化传承下的智慧，求同存异，是一种不卑不亢的交际姿态。

第五，终身学习——"三人行，必有我师焉，择其善者而从之，其不善者而改之。"

一个人成长最快的方式是什么？

孔子曾说过："不要耻于向别人求教，每个人身上，都有值得我学习的地方。"

《战国策》中记载了孔子拜师项橐的故事：

有一次孔子和弟子们驾车出游，在半路被玩泥土"筑城"的项橐（tuó）挡住道路。

孔子问他为何不避车，项橐答道："只听过车子避让城池，没听过有城池避让车子的。"

孔子觉得这个孩子很聪明，想考考他，于是提了一连串问题："什么火不冒烟，什么水里没有鱼，什么山上没有石头？……"没想到项橐对答如流："萤火没有烟，井水里没有鱼，土山上没有石头……"

答完后，项橐也向孔子发问：

"鹅鸭为什么能浮水？鸿雁为什么能鸣叫？天上有多少星星？地上有多少房屋？"

孔子答不上来，于是放下身段，拜其为师，向他虚心请教。

《吕氏春秋》里说："善学者，假人之长以补其短。"

一个人纵然有再大的本事，也要谦虚谨慎，须知，山外有山，楼外有楼。每个人身上，都有值得我们学习的优点、学识和本领。

"少而好学，如日出之阳；壮而好学，如日中之光；老而好学，如炳烛之明。"《师旷劝学》中的这句话，概括了终身学习的重要性。学习是每个人一生的事业，我们需要保持终身学习，避免认知留级。

就像同学聚会，多年不见的同窗好友，再见面时除了叙"往事"车轱辘话，很难再有新话题和共鸣。不可否认，因为工作、家庭、孩子等各种原因，很多人自从告别了学校就不再学习，大家的认知水平已经变得参差不齐，所以，同学聚会经常话不投机索然无味，有时甚至因为不同的观点终结情谊，到最后聚会变成了负担。

这些年，"终身学习"逐渐成为热词。吴伯凡曾提到"认知留级"，意思是"很多人在告别学生身份的同时，也告别了学习这项事业，在认知上成为了一个留级生。

其实，终身学习的本质，就是要让自己踏上一条认知迭代的轨道。因为对于一个人来说，学校的学习只是为了生存，工作后的学习才是为了更好地生活。学校只是起点，进入社会后的不断精进才是最重要的，它能决定你最终可以走多远。

著名学者叶嘉莹说过："此后数十年的人生路途中，无论遇到任何困惑或苦难，常常会有一两句《论语》中的话闪现出来，我往往就由此一两句话，得到了答案和解脱。"

　　《论语》难读吗？说难也难，说不难也不难。难的是，要有了一些人生阅历后才能真正读懂它，不像小时候，学《论语》就是背诵，虽然张口就来，但无法领悟书中的智慧。说不难，是因为"年少不懂书中意，再读已是书中人"，有了这种重新翻阅时的恍然大悟，再和圣贤对话自然就畅通无阻了。

　　古人有云："半部论语治天下。"读懂了《论语》，也读懂了人生。

第三章 积累软实力

第一节 软实力，了解一下

袁隆平去世的那一天，医院门口除了鲜花，还有带着新鲜泥土和雨滴的三束水稻。悼词上写这世上没有神仙，也无需立庙，因为每一缕升起的炊烟，都是飘自人间的怀念。

李白的墓前总是摆满来自五湖四海的酒。

有人千里迢迢去西北，在霍去病的墓前放上一颗巧克力。想来，他也不过是个二十来岁的少年，一定也很喜欢吃甜的吧！

绍兴一带，为了纪念女儿出生，父亲会在院子里的桂花树下埋一坛好酒，等她长大，酒就酿成了醇厚甘甜的女儿红。

2008年汶川地震，有一座罗汉寺敞开大门，收留了隔壁医院里一群无处安置的准妈妈。佛门有清规戒律，但这些僧侣们却主动烹饪荤腥，给准妈妈们补身体。后来，108个宝宝顺利降生，寺里的素全大师开心地披上了用108件小衣服拼成的百衲衣。

半个世纪前的西南联大，暴雨淹没了课堂里的读书声，陈岱孙教授悄然转身，在黑板上写下四个字："静坐听雨。"半个世纪后，来自江大文学院的周衡老师对学生说："我给你们两次逃课的机会，一定要有什么事儿比上课更加重要，比如说楼外的蒹葭，或者今晚的月亮。"

礼仪的种子不需要有多伟大，它就藏在生活的细节里，融化在彼此心里，是你我都感知到的那丝温暖，是未曾粉饰过的那份善意，这就是修养。总之，都有一份浓浓的敬意。

礼仪也是一种能力，是软实力重要的组成部分。

软实力这个概念是由哈佛大学教授约瑟夫·奈首创的，特指一个国家依靠政治制度的吸引力、文化价值的感召力和国民形象的亲和力等释放出来的无形影响力。这几年，个人和企业都在讲软实力，个人软实力的表现叫个人修养，企业软实力的表现叫企业文化。软实力就是一切非物化要素所构成的实力，广义上看不见摸不着，但生活中是实实在在能感知得到的。

如果一个人的综合实力分硬实力和软实力，那么硬实力是有形的，软实力则是无形的；硬实力是可以证明的能力，如学历、技能证书等，其是道行高低的体现，而软实力是指暂时没法估量的能力，比如思维能力、沟通能力、表达能力、文化修养、学习能力、团队协作能力等，其是修养高低的体现。从某种意义上说，一个人提升软实力比提升硬实力更为困难。

那如何提升软实力呢？这些年我们团队做的培训大部分是针对企业的课程，以职业素养提升为主，其实就是提升软实力，简单可分为六大模块：思维能力、沟通能力、表达能力、文化修养、学习能力、团队协作等。

一、思维能力

这两年特别流行的一句话叫作"羊毛出在熊身上，猪来买单"。从另外一个角度来解读一下这句话，就是现阶段打败你的不一定是对手，有可能是一个过路人。

近日，最新披露的财报显示，康师傅的方便面业务和统一的业绩出现了一定程度的下滑，巨头的表现只是整个产业的缩影。尼尔森数据显示，2021年方便面市场整体销量同比衰退4.0%，销售额同比减少2.7%。康师傅和统一方便面的销量急剧下滑，他们的对手不是白象、今麦郎等这些同行，而是美团、饿了么等外卖平台。此外，《中国经营报》记者注意到，自热食品、螺蛳粉等新型方便食品都在抢夺原本属于方便面的市场。

打败口香糖的不是益达，而是微信或者网络游戏。在超市收银台，过去顾客在排队缴费的时候，无聊就往购物篮里拿上两盒口香糖。而今天大家都在看微信刷朋友圈、玩游戏。走在街上看着川流不息的人群，小偷哭了，无现金的生活让他无从下手，现在几乎人人出门都不带现金，一切都靠手机支付，连买菜都不用现金，并且现在连手机也很难偷了，因为走路吃饭都在看，时刻不离手，所以干掉小偷的不是警察，而是微信、支付宝。

《思维》一书曾说："你不改变思维，时代就会打败你。"突破思维定式，你才能在急剧变化的时代依然抓住风口，成为那个不被打败的对手。

人的天性对思维能力具有影响力，但后天的教育与训练对思维能力的影响更大、更深。许多研究成果表明，后天环境能在很大程度上造就一个新人。环境不同、认知不同、思考也就不同，每个人只能在他的认知水平上去思考，我们也很难赚到自己认知以外的钱。

人们每逢在工作、学习、生活中遇到问题，总要"想一想"，这种"想"，就是思维。它是通过分析、综合、概括、抽象、比较、具体化和系统化等一系列过程，对感性材料进行加工并转化为理性认识来解决问题的。无论是学生的学习活动，还是人类的一切发明创造活动，都离不开思维，思维能力是学习能力的核心。**思维能力包括理解力、分析力、综合力、比较力、概括力、抽象力、推理力、论证力、判断力等能力。它是整个智慧的核心，参与、支配着一切智力活动。一个人聪明不聪明，有没有智慧，主要就看他的思维能力强不强。**要使自己聪明起来，智慧起来，最根本的办法就是培养思维能力。

二、沟通能力

关于沟通，美国的社会语言学家阿尔伯特提出了55387定律，55%+38%+7%=100%，他认为55387定律是人际沟通时最基础的规律。

55%是什么呢？是仪容仪表。比如在你面试的时候，穿着打扮是否得体。还有态度，是傲慢还是谦逊，是友好还是冷漠。这就是人际沟通效果的55%。比如相亲就非常明显，很多人都过不了第一关，美其名曰"没感觉"，其实很大程度和仪容仪表有关。没开口说话之前的视觉感受往往决定了有没有欲望继续交流，俗称第一印象。

那38%是什么呢？是仪态语气。指的是仪态、情绪、口气口吻等。同样的一句话，表达时的口气可以表现出各种不同的情绪及个性。包括你的坐姿、手势、眼神等，用以辅助沟通的语气，决定着人际沟通38%的效果。

而语言的内容只占7%。如果55%和38%都没管理好，7%根本输出不了。

有的时候我们表面上伪装温和，其实你的仪态语气、肢体语言早已经泄露了内心的秘密。所以管理好这几方面才会让我们的沟通更加有效。

有一位朋友讲过自己的感受：

以前总觉得爸爸可怜，妈妈每次发脾气，爸爸都不说话，还需要容忍像泼妇一样的妈妈大吵大闹。长大后，等她自己结了婚才明白，原来沉默像一把刀，能杀人于无形。以前很讨厌妈妈那样的人，觉得不雅，甚至觉得丢人，后来发现自己也成了像妈妈一样的人。

所有的沟通里，不想沟通最为致命，每次看似都是针尖大的事，但针尖最伤人。

沟通的应用场景可以说是我们工作生活的全部，职场沟通、恋爱沟通、家庭沟通、亲子沟通……沟通不仅仅是好好说话，有时候是倾听、有时候是眼神、有时候是一封情书、也有时候是心领神会和心有灵犀。沟通不仅是一种生理功能，更是每个人必备的能力。

三、表达能力

很多人会把表达能力误认为"口才好"或者"演讲能力强"，这是一个误区。口才本身是表达能力这件事里面最肤浅的部分，你看到的口若悬河、侃侃而谈、旁征博引、口沫横飞，这些都是表象而已。一个人的厚度来自于他的阅历和思考，一个人的说服力来自于他的真诚和热情。当你折服于一个人的口才的时候，你要清醒地认识到，让你折服的是它的内涵，表达能力只是内涵的桌面快捷方式。

我非常理解很多小伙伴对于拥有好口才这件事儿的渴望，甚至还总有人说我口才好，那你还不了解我，如果你非要夸我的话，我应该是文采好、逻辑好，而非口才好。记得刚读大学那会儿，我语速慢、反应慢、语调平淡，吐字呢有时候也不是很清楚，甚至前后鼻音严重不分被同学笑话，所以你们对于好口才的那些联想基本都跟我没什么关系，就像跟东北人的幽默和吵架相比，我们大部分人先天并不占优势。我从小就不会骂人，被人骂了憋得脸红脖子粗，也想不出对策。我工作中遇到问题不知道怎么向别人求助，开会时也不敢直接提出问题，生怕自己口才不好，也偷偷报过口才训练班，但发现表象上的改变并没有解决我根本的问题，为此呢，我还自卑了好多年。但是后来，随着工作、创业、讲课等实践的积累，我发现这并不影响我成为一名合格的表达者，因为我只要能真诚地、有条理地把我想表达的事情说清楚，这就够了。

真心建议希望提高自己表达能力的小伙伴，除非你立志要去从事专业的跟说话相关的工作，如主持人、讲师等，否则，**你不需要那么像口才的口才。**

之前看一些大学辩论赛，那些缺乏生活的大学生，顶着一张张稚嫩的脸庞，用夸张的手势表述着和他们年龄不符的人生感悟，这些本身就是没有什么说服力的，反倒说点自己当下的经历和思考，哪怕有错误，也会更有体会。还有一些演讲培训机构摸准了人们对于各个社交场合的恐惧心理，例如你祝酒的时候怎么说？谈恋爱的时候怎么说？面试的时候怎么说？我就想问问学过这些的，当你身临其境的时候，你真的用上了这些演讲套路吗？你男（女）朋友要的是套路吗？你的面试官给你机会吗？他们当时是一种什么样的表情？作为过来人的HR，除了看你表演，我想他更多还是想了解你内心真实的想法和预期吧！人生是长达几十年的纪录片，不是聚光灯下的舞台剧，不要试图通过一两次的高光表现，演出一个并不是你的人设。

我们在表达上的最大的问题其实根本不在于演讲技巧、肢体语言、连贯性、普通话这些技巧层面。最大的问题是思想的贫乏、阅历的苍白、知识的匮乏和逻辑的混乱。 而这些东西都不是短期能够训练出来的，因为这些东西就是人生本身。对于所谓的口才，我们应该有且只有一个目标，那就是把话说明白。

找到属于自己的表达方式，你不太标准的普通话也是你的特色，你真诚的眼神是表达的桥梁，你接地气的词汇其实很有趣，你炽热的情怀会照亮他人的内心，你腼腆的傻笑充满可爱……

四、文化修养

文化修养得分开解释："文化""修""养"。"文化"是人文文化与科技文化各学科的总和。所谓"修"，乃吸取、学习，为的是打下知识体系的基础。所谓"养",是在"修"得的知识基础之上的提炼、批判、反思乃至升华。

文化修养总的来说,是既具有了解、研究、分析、掌握知识的技能,又可以独立思考、剖析、总结并得出自己的世界观、价值观的一种能力。只修不养就会闭门造车。只养不修,则会主观臆想。具有较全面的知识体系,在学习中才能不断思辨,不断自我完善。

有人总是抱怨工作太辛苦,但我们透过窗户往下去看一看,每一个人都很辛苦,凌晨的清洁工、深夜的外卖员,以及此刻正在奋笔疾书写作的我。

这个时代的文化修养也很"辛苦",每一辆开过去的车,每一个桥底下经过的人都不熟悉,可能每个人都有每个人的辛苦,每个人都有每个人讲不完的故事,可是这世界上哪来那么多真正的感同身受,有的只不过是自我调节。

多倾听、说话不紧不慢、不要急于表达自己的不幸、做事多站在别人的立场去考虑问题……

我们经常听人说,没有文化真可怕,可文化到底是什么?是学历、经历,还是阅历呢?其实都不是!有一个解释,用四句话来表达:"文化是根植于内心的修养,无需提醒的自觉,以约束为前提的自由,为他人着想的善良……"

阅历大于经历,经历大于学历。认知大于见识,见识大于知识。

参加朋友的酒局记得回家后给朋友报个平安,毕竟根据《中华人民共和国民法典》第一百七十八条中有个词叫"连带责任";如果朋友都请你吃了好几顿饭也请记得回请人家一次,毕竟装傻不等于真傻。

说话有德,做事有余,出言有尺,嬉闹有度。

每个人睁着眼睛,但不等于每个人都在看世界。

五、学习能力

小时候,学习是为了考试。长大后,学习是为了工作。结婚后,学习是为了孩子。终其一生,学习是为了拥有学习能力。

稻盛和夫的书中写道:

总有一天,你会明白,真正能够治愈你的,从来都不是时间,而是你心里那段释怀和格局，只要你内心不慌乱，连世界都难影响你。

你可以消沉，也可以抱怨，甚至可以崩溃，但不能丧失自愈的能力。要学习及时止损，人生不一定要赢，但绝不能输给过去的错误和愚蠢。

学习能力是一种综合的能力，包括情绪管理能力、专注能力、记忆能力、语言能力、想象创造能力、应试能力、自省能力、合作组织能力、学习习惯和学习方法等。在具备这些能力的基础上融会贯通，最终才能内心强大。

我们的人生从来就不会像电视剧中的女主逆袭，也不是化个妆换个发型改个名字就能够华丽转身的。这个世界上没有什么毫无道理的横空出世，如果没有大量的积累和思考是不会把事情做好的。这世界上有太多的能人，你以为的极限，可能只是别人的起点，所以只有不停地进取才能不落于人后。人可以不上学，但一定要学习。对未来真正的慷慨，是把一切献给现在。

六、团队协作

团队协作是每一个个体都能独立做好自己的事情，然后与其他能够独立做好事情的人去协作，而不是我该做好的事情我没有做好，需要别人帮助我才能做好，这不是团队协作，这是相互依赖。我想这点应该被每一个人熟知，因为这是团队协作的前提。

有个寓意深刻的小故事：

五十多个人去参加团建活动，主持人带他们走进一间教室，给每人发了一个气球，并让大家在气球上写上自己的名字，接着将气球收集起来放到另外一个教室，然后大家被带到那个房间，要求每个人找到写着自己名字的气球，限时五分钟。于是，每个人都在疯狂地找寻自己的名字，大家拥挤推搡，现场一片混乱。五分钟过去了，在场没有人能够在规定时间内找到自己的气球。主持人喊停，要求大家随便找个气球，然后把气球递给上面写名字的人。不到三分钟，大家都接到了自己的气球。

这就是我们的人生，每个人都在疯狂地寻找自己想要的东西，但没人知道他在哪里，福气其实取决于周围的人。给予他人想要的，就会得到你想要的，这就是生命的意义。所以，心中有多少恩，就会有多少福。人上人互捧，人下人互整，你把身边的人看成草，你被草包围，你就是草包，你把身边的人看成宝，你被宝围着，你就是聚宝盆。人生要懂得放大别人的优点，欣赏别人的长处，才能够相互协助，相互支持，成长共赢。

礼仪就像一汪泉水，是贯穿整个人的软实力。

软实力如果不同，思维不一样，格局不一样，高度也不一样。所谓高度，正是软实力的实践积累。人若没有高度，看到的都是问题，人若没有格局，心中都是鸡毛蒜皮。

把不想做的事做好，是一种能力；把快骂出的话忍住，是一种本事；把咽不下的气咽下，是一种胸怀；把看不顺眼的人看顺，是一种修为；把看不起的人看起，是一种修养。总之，它们有一个共同的名字——软实力。

第二节 不知道自己要什么，那就先从不要什么开始

有部短片叫《星期六》，还原了一个人内耗的过程：

"周六的早晨。男人一边吃着香蕉，一边思考着今天要做的事，他盘算着洗碗、洗衣服、支付账单、清洁浴室、打电话给妈妈……但是，在真正开始做这些事情之前，他把所有不好的可能都预想了一遍，盘算着先做什么再做什么才是最佳方案。"

一边是不断消耗的情绪，一边是越积越多的事情，一天下来什么都没有做，还累得要命，这就是典型的内耗型人格。这像极了我们的工作生活状态，想得多，做得少，思想的巨人，行动的矮子。我一直在强调，礼仪本质上是在"修身修心"，而"反内耗"是让我们内心得到真正修炼的必修课之一。

我们每个人这一生想要的东西在每个阶段是不一样的，童年想要心爱的玩

具，读书时想考上清华北大，工作后想找个心仪的伴侣，有孩子后又想让他考个好成绩……这些都无可厚非，但很多时候我们把当下这个阶段的事情还没有做好，就去想自己后面的得失，只能造成更多的自我内耗。这种自我内耗的时间久了，会丧失掉自我成长和自我能力。我经常跟朋友说，我想要的东西还挺多的，有的明确，有的不明确，所以这么多年我的方法是："如果不知道自己要什么，那就先从不要什么开始。"目标明确，才能更好前行。

美国精神分析学家卡伦·霍妮在《我们内心的冲突》中写道："我们越是正视自己的冲突，寻求解决的方法，我们就越能获得内心的自由。行动力就是解决自我内耗的关键。"当我把所有的目标放在要做的事情上，就会发现，所有焦虑在不知不觉当中消失。我们既是自己精神内耗的制造者，也是唯一的终结者。

我不知道自己最喜欢吃什么，但我知道自己从小到大都不吃柿子；我不知道自己穿什么最好看，但我知道自己从来不会买红色的衣服；我不知道我的另一半在哪里，但我接受不了抽烟酗酒的男人；我不知道自己将来会成为什么样的人，但我知道我不想当公务员；我不知道十年后的自己会变成什么样子，但我知道我不想成为一个又穷又懒的丑女人……

停止内耗，清楚地知道自己不要什么，是一种勇气，也是一种能力。

记得大学快毕业那会儿，我和很多迷茫的大学生一样，也不知道自己到底想要做什么，未来长什么样完全不清楚。看别人考研，我就随波逐流地去自修室，看别人早起占座，我也去占座。后来，我通过了研究生考试，并且顺利复试被录取。即将毕业的时候，辅导员找我，问我想不想参加中国西部计划志愿者去新疆支边，服务期限是1到3年，我当时毫不犹豫地就答应了，辅导员建议我跟家人商量一下，但那一刻我其实内心早已有了决定，当时的想法是研究生还可以再考，但新疆支边以后不一定有机会再去，最后家人也表示尊重我的选择。于是，我顺利踏上了去新疆的绿皮火车，西部计划志愿者也成为我人生的第一份工作。到新疆后，我们分别被安排在基层政府，做一些基础性的服务工作：派发文件、协调会议、去戈壁滩搬石头、冬天扫雪、组织去敬老院看望老人……这是一段难忘的经历，我终身受用。在志愿者服务期间，我们一起去的大部分志愿者都选择考公务员或者事业编，其中不少人报考过多个岗位，而那一届在同一个地方的志愿者中，只有我一人没有报考。一年服务期满后，我选择了离开。

说起要什么、不要什么，我觉得人在最初选择的时候大部分都不太清楚要什么，就像当初我放弃了去读研究生，那是因为出现了去做志愿者的机会，如果没有这个机会，我可能也不知道自己内心的那份炽热。但一年后的我也并没有因为在基层政府工作，像大多数志愿者一样去考公务员，虽然离开时我依然不知道下一步在哪里，但并不迷茫，因为我已经非常清楚地知道自己不喜欢公务员的工作了。

离开新疆后，我只身来到了深圳，进入继续教育行业，距今已快十年。后来也读了研究生，但不是大学毕业时考研的专业，而是更贴近工作需要的专业。相比毕业那年考上的专业，我更喜欢后来就读的专业，因为那是我实践过后的目标需求。到今天，我可以很骄傲地说，这十年，我没有换过行业……接下来，虽然我也不敢信誓旦旦地说下一个十年还在教育行业，但我依然不想考公务员。

创业这几年，有人问我是怎么走上这个行业的，我说："做得多，想得少。唯有行动，才能摆脱迷茫。"一开始大家都很迷茫，只是刚好在那个时间点上明确了自己不想做的事情，停止"内耗"，一直走，就到了今天。用今天流行的话说也叫"断舍离"，不过我还是更喜欢叫"修身修心"。

有人觉得放弃很难，也有人认为开始更难。相比那些并不坚定的事情，我们选择离开本身就已经很坚定了。如果不知道自己要什么，那就先从不要什么开始吧！

第三节 辞职前做不好的事，辞职后依然做不好

在职场授课中，我经常强调入职和离职同等重要，甚至在某些时候，离职更重要。为此，好多人不解。那么让我们先概括一下离职的原因：

离职原因一：因为家里的事情不得不离开，我很舍不得公司这个大家庭，但实在是没有其他办法。

实际原因：活多钱少不自由，周末经常要加班，领导思路不清晰，同事混日子的多。终极总结：我不开心，也看不到希望。

离职原因二：我觉得自己还需要更多的学习，这几年总觉得在原地踏步，所以想沉下来好好想想，也给自己复盘一下。

实际原因：干了这么多年都没有升职加薪，是金子到哪儿都会发光，你们自己应该好好反思，江湖不见。

离职原因三：虽然这些年也积累了一些行业经验和技能，但仍然希望能够拓宽自己的知识面，进行更深入的学习实践，或者进入到其他行业重新学习提升。

实际原因：我的领导能力差，我不想再耽误时间。

离职原因四：我感觉现在的工作环境不适合我，我还是想找找更适合自己的平台。

实际原因：不喜欢公司的氛围，和同事相处不来。

离职原因五：咱们公司人性化管理制度非常好，在这样的环境中，我觉得自己想躺平都难。

实际原因：什么破管理制度，一点都不像正规公司。

离职原因六：我其实觉得钱多钱少无所谓，我也很想跟着公司一起成长。

实际原因：工资低，太累太辛苦，公司前途未卜，我可不想把时间浪费在这种小公司。

每个人离职的原因都不同，总结起来根本原因无非就四点：钱没到位、干

得不爽、领导无能、没有发展。纵观原因，每一个离职的人都会把各种各样的问题归结于"是公司的问题"，却很少有人剖析"自身问题"。这不是指责，是觉得可悲。我们离开一家公司没什么，因为还会找到下一家。但我们丧失了对自我的认知和反思，那在上一家公司应对不了的问题在下一家公司依然应对不了，这就是能力问题了。辞职，辞的是过去的自己，能力不足也好，团队协作能力差也罢，都是在告诉我们哪里出了问题，接下来我们需要如何补缺，而不仅仅是换一家公司。

我曾跟一个做了十多年人力资源管理的朋友交流，她说在她做过的离职面谈中发现，基层员工离职原因80%以上都跟直接领导有关系，基本不会反思自己工作的问题，如果有问题，那一定是领导的问题。中层员工离职大部分原因则是因为一眼望到了头，想要突破去追求更好的发展，会以谋发展的眼光去看待问题。而高管离职大部分则是合作关系没有得到进一步调整、利益分配不均等，但即使离职后，很多还会保持一定的合作关系。

相比学习能力，反思能力经常被忽略。反思和复盘，往往决定一个人的上限。刘擎教授讲哲学时说："哲学是一种思维方式，甚至是一种生活方式，让你在做事情的时候自觉地、有意识地去发展反思能力。当然不是在所有的事情上，不是在你选一杯咖啡还是一杯茶的时候去反思哪个对我健康，它是在需要慎重对待的事情上，职业的选择、关系的选择、公共态度的问题等。"反思，不仅是打开自己的思维，也让人们的意识更自由。如果说学习能力是"术"，反思能力则是"道"。

前两年在北京做金融的朋友M先生给我讲了他求职时的一件趣事儿：

M先生曾到一家金融公司求职，因为面试的是高管岗位，公司也比较慎重，在经历了层层面试后，最终他被录取了。在考察了他大概一周左右之后，人事找他谈话，除了了解他这一周的工作感受外，说想要正式成为这个公司的高管要满足一个条件：必须吃素。因为他们公司的高管必须要信仰佛教且吃素，这是公司董事长规定的。我朋友听完一愣，他是一个狂热的肉食爱好者，对他来说吃素是绝对不能接受的。最终，他果断放弃了这份薪酬颇高的副总岗位，当晚就约我们去东直门吃肉喝酒。令我意外的是，他没有去吐槽这家公司不好，短短的一周时间，他在自己的岗位上反倒发现了这家公司可能存在的问题，并想好了相应的解决方案，做了一份诚恳的离职报告，以 e-mail 的形式发给了 HR 并抄送给董事长。三天后，他重新收到了这家公司的聘用，短短两年的时间，他已经成为了这家公司的副总裁，当然，他没有选择吃素。

后来，我这个朋友经常开玩笑的一句话就是：我决定不了别人是否吃肉，但我能决定自己不吃素。**一份好的工作往往也是从一份辞职报告开始的，如果你都不能清晰地总结自己，在你从事已久的岗位上发现不了问题，下一个公司凭什么找你来解决问题。辞职前做不好的事情，辞职后依然做不好。**

罗振宇老师讲到"35 岁现象"，他说，心理学和医学都在告诉我们，人的大脑成熟得 40 岁，然后一直保持高水准，到 70 岁之后才衰退，而且"35 岁现象"还往往针对脑力劳动者，所以有句话叫"我 40 岁的大脑青春正好，为什么你偏偏说 35 岁我就宝刀已老？" 35 岁不是不该找工作，是你不该用标准化、同质化的能力去找工作。

我们看看周边 35 岁活得挺好的人，他可能人格魅力已经能团结很多人，可能因为他平时勤于输出，有一定资源关系，已经在同行当中有声望，也可能是个人视野超出了行业本身，可以应对很多新的挑战。这样的人要么等着猎头来挖，要么就有朋友介绍，他的职业变迁或者跳槽，都会变得非常平顺。有专家认为，招聘中对年龄"一刀切"的处理太武断，是对人力资源的极大浪费。但事实就是，对于大部分 35 岁左右的普通打工人，你会发现，你的上司很可能比你年龄小，很多面试官也没有你大，或许你认为他们没有你优秀，甚至他们也跟你讲不出个所以然来，但是，他们更不会要你，因为你的性价比太低了，这就是现实。他们一定了解过这个年龄段，有小孩，有老人，你肯定不能 996，也不能随叫随到。而且很多时候他们招聘的下属职位要求并不高，你的能力其实超过了你面试的职位，但是你却面不上，因为那个职位总有更便宜、性价比更高、更专注的人在后面排队……

　　这些听起来真实得有些扎心，但也是我们很好的一次自我反思。古人云："吾日三省吾身"，我们究竟应该如何去反思呢？又要反思什么呢？首先，要知道反思并不是一个自然而然的行为，也没有什么人天生就会，是需要在后天中不断重复的一个行为。

　　那我们究竟要反思什么呢？

　　第一，反思事情；

　　第二，反思关系。

　　哪些事情呢？就是你当下正在跟进的项目、写的论文、准备的考试，或者在工作中碰到的各种各样的问题。哪些关系呢？比如你跟同事的关系、父母的关系、爱人的关系和你跟孩子的关系等。具体反思什么样的内容呢？就是要反思在这两个大类别里面，在这一周分别出现了什么样的变化，一旦出现变化，有什么突发的事情，或者事情进展和预期严重不符，这些就是我们需要着重反思的部分了。

　　如果我们能够把反思当成一种习惯，那就能尽早地识别到生活中那些不好的信号，尽早地做出改变，做好相应的预防措施。

　　人与人之间的差距不是来自年龄，而是反思能力。反思，就是找出路。辞职不是出路，辞职后的自我反思才是。

第四节 为什么不可以因为工作"装孙子"?

高僧问:"金子好还是烂泥好呢?"

求道者:"当然是金子好了!"

高僧笑道:"假如你是一粒种子呢?"

金子和烂泥其实是一样的,本性没有好坏之分。别人对它的评价,完全取决于人的分别心,以及它的用途,"装孙子"亦是如此。

关于"装孙子",并不是让你去伪装、充大个,或者去迎合,它是处理事情的一种策略,尤其当我们在工作中遇到一些问题,或者想要去争取一些机会的时候,我们需要通过"装孙子"的手段去达成目标,不冒头、沉下心来磨砺自己。我想有点经历的人在这里都不会认为它是个贬义词,回头再看因为工作"装孙子"这件事,虽然它无情地磨砺了我们的锋芒和棱角,甚至穷尽了整个青春,但它依然是我们成长路上无可取代的"初恋"。

我的朋友S小姐曾给我分享过她的故事:

2015年她调到分公司做销售总监,大多数的同仁都表现得很兴奋,因为之前就听说S小姐是个能人,业务能力非常出色,专门派来整顿分公司的业务。可日子一天天过去了,S小姐依然毫无作为。她每天彬彬有礼地进出办公室,一进去便躲在里面不出来。那些本来紧张得要死的老油条和划水小队,现在反而更加猖獗了,纷纷议论道,她哪是一个能人呢?根本是个弱女子、老好人,在他们面前还特别能装孙子,如果午餐在楼下饭店遇到,S小姐每次都主动帮他们买单,这可比以前的主管更容易骗呀。四个月过去了,就在大家为S小姐这个新主管感到失望时,S小姐却一改常态地发威了,将团队里混日子的人一应开除,有能力和勤劳的人获得晋升,下手之快,断事之准,与过去四个月她装孙子的表现相比,简直就是判若两人。

在年终聚餐酒过三巡后她第一次主动分享,她说:"相信大家对我新到任期间装孙子的表现有所不解,现在听我讲个故事,各位就明白了。我一位朋友买了一栋带着大院的房子，他一搬进去就对院子进行全面整顿，杂草一律清除，改种自己买的花卉。一天，原来的房主回访，进门大吃一惊地问，那最名贵的牡丹去哪儿呢？这位朋友才发现他竟然把牡丹当草给铲了。后来他又买了一栋房子，虽然院子也很杂乱，但他这次却按兵不动。果然，冬天以为是杂树的植物在春天开了花，春天以为的野草夏天花团锦簇，半年都没有动静的小树，秋天居然红了叶。直到暮秋，他才真正认清了哪些才是无用的植物，并将其铲除，保留了珍贵的草木。

说到这里，S小姐举起杯来说："让我敬在座的每一位，如果这个办公室是个花园，你们就是其间的珍木。珍木不可能一年到头开花结果，只有经过长期的观察才能认得出。不管是在职场中，还是在生活中，要想清楚地认识一个人，就需要一个过程，而装孙子就是这个过程。"

人们喜欢并信任的，往往是那种看起来憨傻但踏实的人，所以我们有时候需要收敛一点，该低下身段就低下身子，该装孙子就装孙子，因为只有这样才能抵消别人对你的敌意，让身边的人更愿意帮助你。人们总是对那些比自己弱，看起来有些傻有点憨，但没有什么心眼儿的人格外地热情。

强者示弱，弱者逞强，我原本平庸，却也值得骄傲。

第五节 不用活成别人喜欢的样子

我的好友D小姐是一个有严重讨好型人格的女孩，从读书时就经常帮同学带早餐，有时候同学没还她早餐钱，她也不好意思要。工作后，她经常被其他同事叫去义务劳动，是大家眼中的老好人。有一次，她帮同事整理文件，因为同事提供了错误的数据，最终却由她承担了责任。她自己也觉得很委屈，但她还是无法拒绝别人对她提出的要求，因为很害怕别人为此而讨厌她。无条件地附和别人，把别人的需求放在第一位，忽略自己的感受，已经变成了她的一种本能。

小时候迎合父母，上学后迎合老师、同学，成年后迎合家人、伴侣、领导，老来迎合儿女、晚辈……别人拒绝你时轻描淡写，而你拒绝别人的时候，感觉自己犯了滔天大错，这就是典型的讨好型人格。

人的一生实在是太有限了，不可能照顾到所有人的感受，也没有必要为别人的感受全盘买单。关于讨好型人格，真正的改变是从敢于拒绝开始的。

首先，学会表达自己的情绪。遇到不想做的事，遇到不喜欢的人，都可以直接表达出来，表明自己的拒绝态度，不要害怕别人在背后说什么。

其次，保持独立思考的态度。不管别人怎么说，要认可自己的想法并且去坚持，这样从一定程度上会建立自我认知。不要轻易去改变自己的行事风格，也不要为了迎合别人轻易去改变自己的想法，该拒绝时拒绝，该坚持时坚持。

最后，远离不断消耗你的人。想要不再讨好别人，就得学会慢慢树立自我边界感。哪些人该交，哪些人不该交，都得做到心中有数。远离那些不断消耗你的人，净化自己的朋友生态圈，你没义务为别人的开心买单，你只需要对自己的情绪负责。

真正能够欣赏你的人，永远欣赏你骄傲的样子，而不是你故作谦卑和故作讨喜的样子。所以，任何时候都不要为了迎合别人而轻易改变自己，也不要因为别人的看法而活得小心翼翼，人生是自己的，怎么活，问自己。

我是一个愿意把自己的内心想法直接表达出来的人，平常懒得去猜测别人，也不喜欢让别人来猜测我，总觉得人与人之间最舒服的关系就是有话直说、有事明说，如果说不到一起，那就选择不说。总之，在乎你的人，你咳一下，他都会以为你感冒了；不在乎你的人，你死了，他也会以为你只是睡着了。不喜欢你的人，不论你多好，他处处都在挑剔；喜欢你的人，不论你多差，他时刻都在鼓励。

人际关系是复杂而多变的，讨好型人格的人更需要不断地梳理关系和认识关系。

之前听好友在演讲中讲过一段关于解读朋友的话,我颇有感触。大概意思是她对她自己人生最大的要求就是不给别人添麻烦,所以几乎从来没有开口求过人,本来还觉得这是一种高尚的品格。但后来读研时,导师跟他们说增进友谊的有效方法就是向别人提出请求。一开始她还不明白,后来她才意识到不求人不是因为自己有多么强大的内心,多么强的能力或者多么高尚的品格,主要原因其实也是怕别人来求她。但是再仔细想想,人和人的关系本来就是你麻烦我,我再麻烦你的过程。所以,如今她能够很坦然地接受朋友们的善意,也愿意去麻烦别人了,那是因为她觉得她能够承担朋友们对她的麻烦。有时候想想,这好像也是我们大部分人在成长中会经历的一个过程,成长就是你要开始承担别人的人生责任,你的举动关联的不再只是你自己,还有你身边的人。

《认知突围》中有这么一段话:"关心和打扰是一对好兄弟,只是后者看上去更加不礼貌而已。但更多时候,没有太大差别。"真正的朋友之间除了相互关心,还存在相互"打扰"。

除了重新梳理自己和他人的关系之外,也需要重新梳理自己和自己的关系。

学会接受自己,接受自己是讨好型人格,接受自己看错人,接受自己的付出没有回报……**真正的强大不是逃避,也不是忘记,而是接受。**当别人否定你不可以、你不行、你做不到的时候,要多来反观一下自己的长处在哪里。当别人赞美你很优秀、你很行、你什么都可以做到的时候,也要反观自己还有哪些短处和不足的地方。接受自己的过程也是重新认识自己的过程,接受自己的不足,删繁就简,才能凝聚前行的力量。

余华老师说过:"人和人交往还是少说话,克制表达欲。平静温和就行,不自卑也别炫耀。别为了获得共鸣,讲起过往没完没了。无意间表现的品质,被对方发现才更招人喜欢,胜过千言万语。"

人生,是认清与看淡,是执着与勇敢,万事尽力尽心,而后,顺其自然。

很喜欢纪伯伦的一首诗《我曾七次鄙视自己的灵魂》:"第一次,是当我看到她本可进取，却故作谦卑时。第二次，是当我看到她在瘸子面前跛行而过时。第三次，是当她在难易之间，却选择了容易时。第四次，是当她犯了错，却借由别人也会犯错来宽慰自己时。第五次，是当她因为软弱而忍让，却声称为自己的坚韧时。第六次，是当她鄙夷一张丑恶的嘴脸，却不知那正是自己面具中的一副时。第七次，是当她吟唱圣歌，却自诩为一种美德时。"

这首诗如同一面镜子，把懦弱卑微、自我矛盾、自我怀疑、自我否定、摇摆不定和其他不足一一揭示出来，照出人性共有的弱点。但每一次对灵魂的正视，是为了更好地了解自己，就像每一次的反省也是在不断走向成熟。

敢于正视自己的灵魂，敢于接受自己的平庸。不用活成别人喜欢的样子，活成自己不讨厌的样子就行。

第六节 螃蟹定律

有这么一句话："格局大了，看谁都顺眼。"

乍一听，好像是我们每个人都需要去提升自己的格局，但仔细一想，其实是每个人对格局的认知能力不同，而本质上是"思维方式"不同。

如果你在竹篓里放一只螃蟹，那就必须盖上盖子，否则它就会爬出来，但如果多放几只进去，就不用再盖盖子了。这是因为当一只螃蟹快要成功爬出竹篓时，其它螃蟹就会拖它下去，最终没有一只螃蟹能成功从竹篓里爬出来。

这就是"螃蟹定律"，如果我爬不上去，就要拉住别人，让别人也爬不上去。

螃蟹定律的本质就是"见不得别人好"，看到别人比自己过得幸福，就要想方设法使绊子。自己过得不好，也不让别人过得好，殊不知，这样的人只会把路越走越窄。当你身边的人过得都比你差，你人生的上升空间就会变得有限。而格局大的人则懂得互相搭桥，如果你身边的人都过得幸福，都变得越来越优秀，那么他们才会有余力来帮助你。所谓"近朱者赤"，当我们周围都是优秀的人，自然会引发我们提升的动力。身处积极的圈子能让人快速成长，这就是所谓的优秀的人互相抬，愚蠢的人互相踩。

我们一天至少三分之一的时间是跟同事一起度过的，时间花在哪儿，价值也就在哪儿。和同事是否要成为朋友取决于你们的相处模式，总之，不要轻易去诋毁和踩踏同事，也不要轻易选择对立成为敌人。关于人脉这件事，是努力后的运气，也是思维升级后的福气。

当然，想要在职场往高了走，还得学会巧用螃蟹定律：

给自己找个老师。初入职场的时候，千万别闷头自己摸索，要学着给自己去找个师傅，也就是领路人，有了这样一个人，你会方向更明确，也会走得更快。

善于发现别人的优点。身边某些你不喜欢的人，往往有过人之处，所以真的别看不惯这看不惯那。与其看不惯，还不如学着去发现别人身上的优点，以此来让自己受益。

学会全局看问题。很多人在岗位上就盯着自己手里这点事儿，根本不关心上层结构，以及整个公司的构架，这就像上了一辆车，你都不知道车往哪儿开。还有的人，既不敢也不会跟上级沟通，这就会造成信息不对等，这些未知可能会成为你向上发展的阻碍。

沉住气、静下来、少生气、少算计，别忘了说"没关系"。

我和一位年龄相仿的朋友同时创业，也基本算同行，难免被人拿出来比较，比如"她公司人比你多、规模比你大，市场思维比你敏锐，受众群体比你广泛……""她都开始做带货了，你怎么还没有开始做呢？""她能很好地包装自己，把自己打造成一副成功女性的样子……"诸如此类的话很多，开始我不在意，听的次数多了，慢慢也起了较劲之心，于是各个方面都要刻意比一比。我们原本关系还不错，以前还相互分享创业心得和读书感悟，但在这种比较和评价中，我们的关系日渐尴尬，最终很少往来。而那些彼此较劲的项目，最后谁都没有做好。

通过这件事我更加明白，这个世界上最多的就是闲人，看热闹不嫌事儿大，说八卦不嫌事儿小，比来比去推波助澜，只会让人嫉妒和窝火导致两败俱伤，什么事也做不好。所以，别人好时要学会祝福，希望他更好，能学习就多学习，有机会合作就去争取，学不到也无所谓。别人不好时，也不要去嘲笑，有能力就提供帮助，没能力就保持善意。时隔多年，今年和那位朋友再见面时，我们对视一笑，互道一句："没关系"。

《极简力》中写道："当你还没有达到更高的层次，人脉是不值钱的，人脉不是追求来的，是用自己的才华吸引来的。"与其花时间去参加各种社交，不如多提升自己，高峰处，其实一点也不拥挤。

妈妈曾经对我说："别在女人多的地方比美，别在男人多的地方比刚。"比起那些绞尽脑汁的损人不利己，我们要有点"配角"的智慧。**比起竞争激烈的主角，当好配角才能自留余地，明白人性的浅陋，有趣的灵魂终会相见。**

第七节 真诚才是最好的技巧

相比那些八面玲珑和能说会道，**一个人真正情商高的表现是真诚**。真诚不仅是重要的沟通技巧，也是表达礼仪的核心，就是我在前面多次提到的"敬自己"和"敬他人"，意思是对自己真诚的同时对别人也真诚。这种向他人表达善意，并且被人无限信任的品质，你也可以理解为"人生是一场修行"当中的"修行"，即修炼自己的德行，真诚便是修行的内容之一。

我曾在面试 CTO 时碰到一个颇有能力的人，当时不论从产品架构到专业技术，他都符合我们这个岗位的要求，甚至在某些架构方面比我们预估得更出色，算得上是个人才了。最后一轮面试结束后，我约另外两位高管和他一起吃饭，也想从其他方面再观察观察。可能是因为面试从形式意义上已经通过的原因，那天大家相谈甚欢。在此期间，他的话匣子也一下打开了，没等我们问，他自己就主动聊起前面从业过的几家公司，除了爆一些内幕黑料外，还谈到这些公司的核心数据及客户资料，并且承诺加入我们以后把这些第一时间分享给我们，还可以帮忙去抢客户，把前面几家公司的商业机密和盘托出。当时，我内心一颤，毕竟CTO可是公司核心技术层面的负责人，心想这样的人要是加入我们的核心团队，并且得到我们核心的技术和资源，那还不是一样会出卖我们？且不说CTO是一个非常重要的职位，未来还有可能成为我们的合伙人之一，除了过硬的专业能力，职业操守和品德是我们评估的最重要的标准……综合考虑后，我们后来没有录用他。

直到今天我都在想，当时我们聊到他以前从业过的公司的核心机密时，如果他的回答是："对不起，这是属于公司的保密资料，也属于商业机密，而且当初离职时也是签过保密协议的"，那我们一定会录用他。

真诚是一种品性，说能说的，拒绝不能说的。良好的职业操守绝不是以无底线的泄密来换取的，恰恰相反，因为真诚，我们才知道什么该说，什么该保密。如果一家公司因为你泄密而录用你，那只能说明这家公司有问题。

真诚，既是知无不言的态度，也是保留权利的底气。

此外，**真诚是最低成本的有效沟通**。

当你开始用真诚跟别人沟通的时候，我们的交往，我们所说的话，都意味着交流信息的成本是最低的。但是很多人可能会觉得，现在的大环境中很多人都不真诚，那我为什么要真诚呢？

是的，因为大家都不够真诚，所以你的真诚尤为可贵。当你把你的真诚、用意、目的直接放在桌面上时，你就会去识别真诚，同时，也可以快速淘汰不真诚的人。你先真诚，再去识别真诚，这种对等的真诚才是有效沟通，沟通得好会直接奔向我们的目标，沟通得不好也为自己节约更多时间，毕竟时间就是金钱，所以你看，真诚是不是最低成本的有效沟通呢？

真诚也是评估一个人最终能做成事的关键点。

2018年初，我们的培训业务拓展到西安，一个朋友帮我们介绍了某地方旅游局的业务，经过共同的努力，我们快速将方案递交了上去。但大半个月过去了，对方没有任何回应，我就让当时负责跟进的同事主动询问进展，对方回复是因为我们的报价问题，于是我们又降低了报价，但经过同事多次沟通还是没有达成合作，并且对方还明确回复说这次就先不合作了。当时同事颇受打击，我也有些困惑，因为又是朋友介绍，也调整了需求和报价，问题出在哪里呢？于是，我计划让同事再打个电话，一则问问我们被刷掉的真正原因，二则希望对方机构能给我们相关的建议和意见，毕竟这次不成也可以争取下次合作。刚开始，同事非常抗拒，他觉得人家都拒绝了还去打电话，他面子上下不来，在我再三要求下他很不情愿地拨通了对方电话，按照我上面说的两点真诚地去沟通，结果对方像打开了话匣子一样，告诉我们真正被拒绝的原因是因为我们之前做的都是企业的案例，他们是事业单位，内容上还是有一些区别的，而且他们一般也不太倾向选择我们这种太过年轻的公司。另外，她也给我们给出了相关的建议和意见，并且很热情地跟我同事说："你们是这么多家被拒绝的公司里第一个打电话来真诚请求给出意见的，我很乐意帮助你们，如果下次有机会，我会邀请你们来我们单位考察，先了解一下我们。"通话结束后，我同事也打开了这么多天的心结，后续业务跟进时再遇到同类情况，他会很真诚地去咨询对方并邀请对方给出建议……

每当有人问我，创业这么多年最初的市场是如何推进的？我的回答就两个字："真诚"。曾经的我们是一个年轻的创业团队，除了热情一无所有，被质疑过、被否定过、也被嘲笑过，唯有那一心真诚，是每一次跌倒后再爬起来的动力。

这些年，随着职业进阶，我也遇到了越来越多真诚的人，他们情绪稳定、工作状态收放自如，如一汪泉水，总能让我内心清澈明净，我觉得这就是所谓的成熟。或许每个人成功的方式不一样，但很多人成功后，更渴望真诚。

真诚是一种力量，是奋斗时的生存技能，也是成功后的洞悉人性。

感情没有技巧，真诚才是必杀技。

第八节 八条人际关系社交法则

福特汽车创始人亨利·福特说："假如成功有秘诀的话，那就是站在他人的立场，了解他人的想法。"人际关系也是如此，换个角度换个思路，抱着解决问题的态度，就是我们经常说的"换位思考"。

我有一位零零后的学员，作为职场新人，受够了她的直接领导，她说领导不仅对她工作很苛刻，入职半年多了都没请她吃过饭，而且她自己这么努力领导还不给她涨工资。她说她已经很努力地去处理和领导的人际关系了，可总觉得领导对她有意见。我听完一笑，就问她："你能给出你们领导给你涨工资的三个理由吗？"之后她哑口无言。人际关系的前提是要做好自己的本职工作，如果今天把工作做不好的原因归到"和领导关系不好"，那就如同我在前面写的："辞职前做不好的事，辞职后你依然做不好"。工作能力归工作能力，人际关系归人际关系。

学会换位思考，做好本职工作，才能为良好的人际关系打好基础。礼仪作为人际关系的润滑剂，它既能调节人际关系，也能转化人际关系。

以下是八条常用的人际关系的社交法则：

第一，这个世界不缺乏人脉资源，你认识谁不重要，谁认识你才重要。一个受欢迎的人无非拥有这几种能力：有德、有用、有趣、有容、有料。如果想让别人接受自己，请先想想自己有什么能力和长处。

第二，真诚是人际关系的核心，也是最深的套路。与人交往，真心还是假意，时间长了都会被识破，没有人能靠假装装来真朋友。极度的坦诚才能无坚不摧，人际关系中少猜测，有什么想法和疑惑都可以坦诚地去表达，"装"和"猜"往往是最深的误解。

第三，和亲人相处要学会"拎得清"，亲人要生，生人要熟。按常规理解，都认为亲人要亲，实际上并不是。古人对此就有一个劝诫："亲人三分客"，意思是说，亲人之间要保持适当的空间和礼貌，不能什么话张口就来，否则伤人最深的就是亲人。生人要熟，是在公共场合碰见生人，要热情地打招呼回应，是表明你对他的认同。

第四，赞美别人是拉近距离的最好方式，真诚地、恰到好处的赞美会让对方有受到重视的感觉，双方交谈的气氛也会更融洽。

第五，人际交往当中不要企图改变别人，人只会被影响而不可能被改变，当你想改变别人的时候，就会触动他的利益或者是自尊。做人有尺，凡事有度，过度就是好心做坏事儿。

第六，不要公开说你的喜事或者坏事，因为90%的人根本不在乎，剩下的10%要么是嫉妒，要么就是幸灾乐祸。

第七，最牢固的关系一定是金钱关系。人脉的本质不是相互认识，而是相互需要。钱是衡量需要程度的工具，需要程度越高，利害关系越大的两个人关系就越牢固。

第八：能用钱解决的事情一定不要欠人情，因为钱付得起，人情有可能还不起。俗话说，落难不过亲戚家，买卖不去熟人店。我们最大程度减少了对于别人的依赖，才能更独立自由地进行人际交往。

演员咏梅曾在演讲中说："敬畏改变了我的姿态，使我谦卑下来，开始更加能接受和承认自己是一个脆弱的、无法忽略环境的普通人。有所向往，愿意付出，能够等待，也需要保护。虽然面对巨大的环境危机，我还很难总结出什么，但我开始要求自己，怀着敬畏的心去看待一切，并度过当下的生活。"

说到底，**让人舒适的人际关系原本就没有那么多的套路，愿意站在别人的角度去考虑问题、彼此心存敬畏、愿意付出、心怀感恩，大大方方地接受自己的缺点和别人的缺点，多要求自己，少要求别人，这样的人际关系才是恰到好处。**

第四章

直面问题可以让你更有底气

第一节 迷人的大脑才是魅力法宝

当问到"一个人女人最具魅力的是什么?"

不少男性往往回答是"美貌"。

再问到"一个男人最具魅力的是什么?"

很多女性则会回答"大脑"。

那么,美貌和大脑,到底哪个更有魅力呢?

短期看,可能是"美貌",长期看,一定是"大脑"。能够长久吸引对方的一定是智慧积淀的大脑而不是逐年流逝的美貌,当然你能两者兼备更好。人到了一定阶段,颜值就仅仅只是智慧、才华和财富的附加项罢了。

记得以前我们经常讨论一个人的核心价值到底是什么。

朋友开玩笑似的说一句:"拥有迷人的大脑。"的确,比起过分关注外在,关注真正的自我成长,才能拥有核心竞争力,"迷人的大脑"让我们更有底气。

随着年龄增长,每个人的肉身一定是走下坡路的,开始下垂、褶皱、长斑,不论男女,即使外部保养得再好,内部的器官也在衰老,这是你肉眼看不见的。所以,再倾城倾国的美貌,终究抵不过岁月侵蚀,而迷人的大脑却行以致远。

此外,迷人的大脑,还反应在身体上。我们的动作和行为,都是受大脑控制的。迷人的大脑,自然能带出迷人的动作和姿势。大脑历经岁月的沉淀,往往散发出持久的魅力,譬如"腹有诗书气自华"的韵味、温润如玉的和善、幽默风趣的言谈等。

著名的物理学巨匠霍金21岁起就和渐冻症作斗争,据说他在去世前全身瘫痪,仅有部分面部肌肉能活动。这看起来令人沮丧难过,然而从霍金的影音资料来看,人们感受最多的还是他的幽默、乐观、平易,丝毫没有瘫痪病人常有的悲苦凄凉。

这个男人经历了两次婚姻,生了三个孩子,无论是他在物理学的成就,还是他的幽默性格,都折射出他的独特魅力。因此,在很多女性眼里,他是性感的，甚至是魅力四射的，哪怕他常年瘫痪依靠轮椅生活，哪怕他全身只有三个手指能动。

有一个医学名词"颅内高潮"，对大多数有情感需求的男女而言，能带给他们这种感受的人少之又少。客观地说，这是极高的要求，是对一个人智商、情商、性格、气度、修养的综合考量，同时还要尊重并愿意取悦对方。以霍金的智商和他平时在公开场合的表现看，他具备了这种让伴侣产生"颅内高潮"的能力，相信这也是为什么第一任妻子明知他身染重疾还坚持和他结婚并生了三个孩子的原因。

好看的皮囊很重要，但迷人的大脑更关键，当两个有趣的灵魂互相遇见，精神层面带来的愉悦感不可取代。

武汉大学中南医院神经内科副教授肖劲松说，虽然有研究发现脑垂体分泌的激素可以增强记忆力，但智力的高低不仅仅表现在记忆力的强弱上，还包括感知、思维、创造等综合能力，除了极少数人因遗传因素大脑容易兴奋，智商会表现得稍微高一点外，绝大多数同等生存条件的人，大脑神经生物学方面的发育都没有区别，智商也差不多。所以，聪明不聪明，与丰满程度无关。

聪明的女人，清楚美貌不过是一件锦上添花的东西，但却永远不能拿它来作为真实人生的赌注。因为，真正的魅力最终会从身体进化到头脑。

好看的皮囊千篇一律，但迷人的大脑各有不同。

真正的魅力，在骨不在皮，是对生命与未来有着明确的认知，是历经磨难后的豁达与坦然，是历练的冷静和理智，是持之以恒的学习和思考，是练就的那双能够看穿细节及事物本质的双眼。

人最终能称得上有魅力的部位非大脑莫属。

第二节 过度节俭是一种浪费

朋友说他小时候买鞋时，妈妈总会刻意将尺码买大，说这样就能多穿两年，于是在他的童年里几乎没有穿过合脚的鞋子。以前我总会把剩下的饭菜用保鲜膜包起来储存到冰箱里，大概率的结局都是放坏了再扔，冰箱经常有一股霉味儿，不仅会连带其他东西不能吃，还得重新清洁冰箱。还有人经常为了省那几块钱的停车费，抱着侥幸心理把车停在路边，结果贴条罚款还扣分。

有一种节俭看似节俭，实则浪费。

奶奶出生于1943年，他们那代人从小生活艰辛，经历了先苦后甜，所以在他们的教育理念上也是如此。如果有一箱苹果，他们往往是先吃烂的，再吃好的，于是形成了一种固有的思维定式，要把最好的留在最后，即便到了我父亲这一代也是如此。可是现在早已不是物资匮乏的年代，一箱苹果如果先从烂的吃起，最终很可能会吃一整箱烂苹果，如果先从好的开始吃，那我们每次吃的都会是所有苹果当中最好的那个。

在节俭和浪费这两个问题上，变量无非就是物质和时间。老一辈人的观念是节省物质，而现代人的观点则为节省时间。

2013年中秋节下午，奶奶去世了。在整理她遗物的时候，发现了那些压在箱底的崭新衣服，那是逢年过节子女们送给她的，她一直舍不得穿，要等到特殊的日子或重要的场合才穿，可惜直到奶奶去世，这些衣服还是崭新的，有些甚至连吊牌都没有拆……

我当时看着这些东西难过极了，心想老一辈的人为什么要把好东西留到重要的日子或最后才用呢？生活中哪儿有那么多重要且特别的日子，重要的日子如果没有了重要的人来参加，又有什么意义呢？我们活着的每一天，都是最重要日子。每一天都相似却又从不相同，人生没有重复，别为了所谓的"明天"而放弃了"今天"。好看的衣服现在就穿上，想去的地方现在就出发，喜欢的人现在就去表白。生命瞬息万变，别在固有思维中让今天的时光在所谓的节俭中悄悄溜走,也别让崭新的东西在本该发光的今天失去了原本的时间价值。

原卫生部新闻发言人曾指出:"一个人一生中在健康方面的投入,60%至80%花在临死前一个月的治疗上!"这一反常现象提示,我国医疗卫生事业必须从过去重治疗转为以预防为主。如果我们辛苦一辈子的目的是去攒临死前那笔巨额医疗费,那为什么不把时间和金钱花在当下的身心健康上呢?

中国有很多老人生了病的习惯都是先自己熬着,总觉得过几天就好了,如果实在熬不住,就去附近的小药店买点药,甚至在某些偏远的地方还经常相信偏方或者求神拜佛,总之,本着他们所谓的节俭原则去治病,直到扛不住的时候才会正儿八经地去医院。但往往这个时候,有些病已经因为拖得太久而耽误了,所花的医药费几乎是他们一辈子的积蓄。在他们的认知里总认为去医院要花大钱,久而久之就形成了这种顽固又倔强的"节俭思维"。我相信每家几乎都会有这样一个长辈,也会和我一样经常为此觉得无法与之沟通,他们这样既浪费时间和精力也浪费钱。

还有些人有事儿没事儿就喜欢吃中药调理,由此也养成了长期吃药的习惯。殊不知"是药三分毒",既然那么信赖中医,更应该学习中医"治未病"的思想,也就是"预防大于治疗。"所以,每年定期做体检,培养健康的生活方式,多吃"运动的苦",少吃"吃药的苦",总之,别"自找苦吃"。

另外,现代医学越来越多地证明:人的各种疾病和负面情绪密切相关。有些父母一生的状态都是一边节俭、吃苦、压抑,一边抱怨、抑郁、自我感动,并且还固执地认为这种做法是对的,最终是积攒了一辈子的恩恩怨怨和负面情绪,不仅容易丧失今天的幸福感,而且还容易引发各种疾病,晚年身心备受折磨。总是吃苦,我们就会忘记甜是什么滋味,我们要做的是,一边节俭,一边得看到节俭的价值;一边付出,一边要奖励当下正在努力的自己。

熬最晚的夜,用最贵的面霜。为了凑满减,又花钱买了一堆囤起来可能再想不起用的东西,旧东西还没用完,新东西永远在路上。这些无效的节俭之后还要鼓足勇气再去"断舍离"。

一个作家谈到节俭时曾说:"节俭不需要超常的勇气,也不需要超常的智力和任何超人的本领,它只需要常识和抵制自私享受欲望的能力。"

节俭是一种美德,过分节俭则是一种浪费。

第三节 过分热情对别人来说是一种困扰

前几天朋友带了一个人来我工作室喝茶,也没说有什么具体的事儿,恰逢那会儿我刚好有个紧急电话,于是简单招呼后就让他们自便,十几分钟后等接完电话再回来,朋友带过来的那个人便称有事儿先离开了。之后朋友便不太高兴地跟我说:"你对人家怎么一点都不热情?"我一脸茫然,心想我也没有失礼啊,更何况也是第一次见,对彼此而言都是陌生人,以礼相待即可,有必要那么热情吗?说实在的,要是第一次见面就长篇大论、喋喋不休、过度热情,你确定你喜欢和这样的人做朋友?后来朋友扑哧一笑,说道:"也是,要真是这样,还有点招架不住呢。"她又说道:"刚才我带过来的那个朋友说下周再过来拜访,他今天是真的有事就先走了,刚才他一直在看你的样书,还说写得很有意思……"

日本作家山田宗树曾经写道:"人的一生会遇到很多人,但是真正美好的相遇少之又少。"很多时候,人和人的相识往往都会有自己的判断。有的人明明跟你不熟,却过分的热情,实则也容易让别人产生警惕和不适。很多看似舒服的关系,其实最初都是浅尝辄止的状态。

之前深圳的好友M先生跟我讲过他参加活动时的一段经历。

M先生说自己很喜欢某位教授,一次偶然的机会他们所在的机构之间产生了合作,恰逢这位教授也来到了深圳。两人之前本来就不认识,M先生只是听过这位教授的几次课程而已。到了合作发布会当天,那位教授跟他始终保持着很礼貌、很客气的距离，为了促进彼此的关系，M先生当天便加了这位教授的微信，之后满怀热情地给教授发了一条长篇的消息，表达自己对教授的喜欢和崇拜，并向他发出了吃饭的邀请。教授礼貌地拒绝了邀请，回复的信息不超过十个字。然后他就觉得失望，但再一想，对教授而言，他就是个陌生人，又能期待教授跟他讲什么呢？对于常年授课的教授来说，他们每次讲课都会面对批量学员，已经听了很多这样的话了，面对课后突如其来的热情，或许对他们来说也是一种困扰。

坦白地说，我最害怕过分热情的人。一是害怕要回报给对方相同的热情，让人感觉很累很辛苦；二是担心热情的状态会快速褪去，反而会让人更加失落。

交心需要时间，礼仪是种分寸。适可而止的关心，恰到好处的热情，是对别人的尊重，也是对自己的缓冲。

前些天我无意中翻出大学时代和舍友的合照，心头一热便发给了另外一个舍友，于是，她热情地给我们宿舍拉了个群，刚开始大家通过分享照片一起回忆大学时光的美好，聊得很兴奋，后来群里渐渐就没了动静，期间有个热情的舍友呼吁大家聊天什么的，但要么是个别人偶尔回复一条，要么就是集体沉默，时间久了，也就没人再说话了。

大学时代，我们曾通宵达旦地畅聊毕业后重聚的场景，十年过去了，每个人都走出了自己的路，但再也没有相聚，不在同一个城市，工作生活没有交集，彼此逐渐断了联系……总之，一切随缘不必勉强，各自安好就很好。

忘了的关系，就放手；散了的青春，就释怀。不要用你的过分热情，去困扰自己和他人。

美食家蔡澜说："吃不饱的饭，最妙。饭菜的温度，应该和人体温度一样，过热和过冷都不合格。"与任何人交往都不能有失分寸，自来熟、过分热情、交浅言深，有时候就是一场大型社交灾难。

有心理学家做过一个实验：

在一个很大的阅览室里，刚开门时只有一位读者在里面阅读，心理学家走过去，坐在他的旁边，后来陆陆续续进来人，心理学家便挨着每个人坐了一次。结果证明，所有被试探的人当中，没有一个人能够忍受陌生人紧挨着自己坐下，他们要么默默远离在别处找位置坐下，要么明确质问心理学家想干什么？

就像那个紧挨着你坐的陌生人，太过热情和自来熟的人很容易让人感觉自己的空间被入侵，进而产生抵触心理。

维持恰当的距离，才能相处得舒服，有时候，热得太快，凉得也快。

不想开口就沉默，想说话就说，有疑惑就问。不必刻意夸张搞笑去讨好，也没有必要活成谁的开心果。人和人之间的关系，只有当你觉得舒服了，别人才能感受到你恒温的魅力。

懂分寸，知进退，不让自己的热情成为别人的负担。毕竟，过分热情对别人来说是一种困扰。

第四节 假如我讨厌你，我就一定告诉你

2022年北京冬奥会最受瞩目的人非谷爱凌莫属。

当18岁的谷爱凌被记者问到如何面对网络批评，特别是在美国时，她回答说："我并不是想让所有人满意，我只希望可以享受自己的生活，事实上，我并不是很在意别人是否满意。我知道我的心地是善良的，我做的每一个决定是基于共同利益。如果有人不相信我的初衷，那可能没有足够的同理心去理解别人的善意，也可能因为，他们和我有不同的价值观，所以我也不打算浪费时间在没有受过足够教育的人身上，他们可能也永远不会体验到我有幸每天感受到的喜悦、感激和爱。如果有人不相信我或者不喜欢我，那么，这是他们的损失，他们也成不了奥运冠军。"

18岁的谷爱凌有这样的自信和认知让人钦佩不已，有人夸她三观正，有人羡慕她家境好，也有人为她秒杀同龄人的从容心态赞赏不已。无论在激烈的体育竞技赛场上，还是在公众采访时，谷爱凌既展现出自己的专业水平，又流畅睿智自信地表达出自己的认知，始终保持着那种敢于说不的"边界感"。

创业这些年，从项目洽谈到内容合作，一场一场的沟通下来，我认为合作的"边界感"最重要，这也是我常说的那句"假如我讨厌你，我就一定告诉你。"

一则边界感是我们对自我清晰的认知，知道自己不要什么，进而也不需要在"讨厌"的人和事情上花时间。

二则边界感是我们向对方传递的一种信号，明确了自己的态度和立场。当对方接受到这种明确的信号时，他自己也会做出一定的判断。如果都上升到讨厌的级别了，那就一定要告诉对方，如果要合作，是否需要换其他人出面，进而避免有交集时的尴尬处境。

三则边界感也是自我情绪调整的一种方式，敢于向别人说"不"，不憋屈、不卑微、不迎合，既有被讨厌的勇气，也有向讨厌的人说"不"的智慧。

在社交中，其实并不是你有同理心，特别会考虑对方的感受，你就一定能

够得到对方的尊重并且达到相应的目的。相反，当你守护好自己的利益，树立好自己的边界，向对方明确你的需求，不怕拒绝、不怕出错，对方反倒不会小觑你。

"边界感"是敢于说"不"的沟通智慧，是"你讨厌我，我也不喜欢你"的坦荡，敢于做自己，也能接受别人的否定。

你讨厌我，是你的事，我控制不了；而我要怎么做，是我的事，你也管不着。

一个人要活出自己，就要大大方方地接受自己身上一定会有被别人讨厌的部分。你不是为满足他人的期待而活，同样，他人也不是为了满足你的期待而活。你是自由的，别人也是自由的。当然，我也想理直气壮地对那些讨厌我的人说一句：我也不喜欢你。

心态对了，姿态自然而然就对了。

大大方方地说出自己的"讨厌"，坦坦荡荡地接受别人的"讨厌"，这才是沟通的精髓。

第五节 不要自我欺骗瞎包容

在我所有的朋友中，F小姐是我遇到过的"最包容"的人。

她是做实体店的，团队里女孩子偏多，她对自己的定位是员工的知心姐姐，所以这些女孩子有什么家庭问题和情感问题经常找她，她也很乐意聊，每次一聊就是很长时间。久而久之，因为她的包容，今天谁分手了就可以请假，明天谁离异了焦虑了她就要请吃大餐，后天哪个主管说自己不干了她就给人加工资，因为她统统表示可以理解并且包容他们，久而久之形成了一种恶性循环。记得有一次一个员工离职，差点还跟她动起手来，我当时在一旁吓傻了，事后她还安慰我说这种事情在他们店里很常见，还说以后要是我们合作了，一定让我要多包容她们,还一直不断地鞭策我管理中包容是最重要的。

说实话,我特别看不上她的这种"包容",甚至可以理解为没有专业能力和专业素养,做不好自己的本职工作,带领不好自己的团队,最重要的是给了团队人员很多误导,还耽误了他们最黄金的学习成长时间,所以,我没有选择跟她长久合作。这么多年在我经手的公司中没有因为员工离职而要到动手这种地步的,身边其他开公司的朋友也没有如她一样的情况,不是我们做得多好多优秀,而是她的包容毫无底线和价值。

我的观点是职场上多讲"合适",少讲"包容"。

对人包容,对事不包容,特别是在工作中,过度包容坑别人也坑自己。包容的时间久了,也容易产生自我欺骗的心理安慰,并不能解决实际问题。你也不要觉得你自己包容别人有多伟大,被包容的员工在你长久的包容中也很容易丧失成长,误人误己。如果今天你问任何一个人成长最快的那段时间,我相信在我们的记忆中都会有一个"不包容"的领导或者前辈。

2012年我初到深圳工作,有一次单位举办论坛,我负责在后台放论坛所需要的视频、音频和PPT等,所以论坛当天就随便穿了件弹性较大但贴身的连衣裙。但当天上午工作人员集合后,领导第一个劈头盖脸地骂了我一顿,说我穿的衣服不是正装,而且裙子显得太紧。我内心充满了委屈,心想我今天的工作主要是在后台,至于发这么大火吗?领导可能觉察到了我的不适,于是又说道:"虽然今天你的工作是在幕后,但结束时咱们工作人员也需要跟专家、领导和学员进行合影,你有没有考虑过咱们的团队形象?另外,不论今天的论坛分工怎样,学员见到你都会称呼你一声老师,你有没有考虑过你的职业形象?"我当时无言以对,后来换上了其他同事借给我的正装。

这是我第一次真正意义上理解了团队形象和职业形象,也是第一次对这位"不包容"领导发自内心的钦佩。十年过去了,那次论坛的合影在今天看来依然是那么和谐,没有因为我的那件裙子而突兀。

"礼之用,和为贵",我想这个例子大概再合适不过了。

"合适"其实也可以理解为"和适",有"和"才有"合"。

因为懂得,所以包容,因为包容,所以合适。世界上最温暖的事情,莫过于有人懂,心这个东西很贵,给对了人无价,给错了人分文不值。

不要自我欺骗瞎包容,包容可以免费,但不能廉价。

第六节 三十岁真的很难"立"起来

这几年经常看到关于"三十而立""三十五岁危机""四十岁失业"等和各个年龄段相关话题引发的热议,造成了一大波人的焦虑。大部分人对"三十而立"的理解是"到了三十岁就要成家立业",进而导致一个人要是到了三十岁还没有结婚、没有自己的事业就应该感到羞愧和自责,我认为这种对"三十而立"的片面理解本身就是错误的,但可笑的是,这却是我们大部分人的固有观念。

"三十而立"到底立的是什么呢?

"三十而立"原文出自孔子的《论语·为证》,子曰:"吾十有五而志于学,三十而立。"意思是说他十五岁的时候就"志于学","志于学"是学什么呢?因为孔子是儒家的代表人物,一生都在推崇《周礼》,所以当然就是志于学《周礼》。《周礼》当中有一句话,叫"不学礼,无以立","这个"立"不是成绩,也不是成家立业,而是"知礼"。孔子讲的本意是:"我从十五岁开始去学习周礼,到三十岁的时候,我有了自己明辨是非的标准了。"通过学习,通过充实自己,提高自己的修养。在提高了自己修养的基础之上,他明确了为人处世的原则,明白了对待生活的态度,这种态度是经过多年知识积累而自主产生的一种对待人生的态度。所以,这个"立"是在对社会和对自己有了比较明确的认知基础之上形成的自主的意识、自主的行为和自主的人格,以及独立的思想,这才叫作三十而立。

三十而立，立的是你独立的人格、明辨是非的能力以及做人做事的原则。

如果你还停留在三十岁就要结婚、买房、买车才算"三十而立"的话，那绝大部分的人凭自己的力量"三十岁真的很难立起来。"任何时候都应该看清自己，别觉得自己那么渺小，也别觉得自己那么伟大。

二十岁的时候，一切都在向前看，没什么不敢拼不敢闯的，也没什么不敢放弃的。可到了三十岁，大家都开始着急，买房子、存金子、生孩子，这些东西都有一个统称，叫作后路。这就是很多人的错误观念，因为有了后路即有了退路，那还如何向前呢？仿佛拥有了这些自己便可高枕无忧回归平淡和生活和解了，问题是你以前的生活就很精彩吗？难道平淡的生活就不需要前进的斗志了吗？一旦有了这种自我满足、自我放弃、自我逃避的观念，你说人生还能好吗？在电视剧《三十而立》中，全职妈妈顾佳说："人不担心后路，唯一的方式就是要把前路走长。"三十岁，人生的精彩才正式拉开帷幕，人生还不到半场，精彩才刚刚开始！

"三十而立"不是"三十而富"，立的是人生的规划，是方向，是目标，是成熟。如果遇贵人则先立业，如果遇良人则先成家。无贵人而先自立，无良人则先修身。如果你有远大的目标，就不要在意年龄带给你的束缚。

三十岁，你得先成为你自己。

第七节 直面问题可以让你更有底气

曾经有人问诗人泰戈尔，世界上什么最容易，什么最难，泰戈尔回答道："指责别人最容易，认识自己最难。"很多人在遇到一些问题的时候，总喜欢找原因、习惯性逃避，久而久之一遇到事情就推卸责任，怨天尤人，却不知**只有承受过解决问题的痛苦，做人做事才会变得成熟，解决事情最有效的方式就**

是直接面对，因为，直面问题可以让你更有底气。

　　心理学上曾把人分为两类：弱势价值观和强势价值观。两者最大的差别就是弱势价值观的人碰到事情最爱问"凭什么？"而强势价值观的人则会问自己"为什么？"久而久之，他们之间就会形成一种马太效应。喜欢向外找原因的人心里总是充满了愤怒和抱怨，生活越来越糟糕；习惯向内找方法的人则不断反省和完善，自己就会越来越强大。

　　去年受邀去终南山玩，接触了一些"修行人"，我的一位朋友也在其中。得知我的主业是写作时，他们便津津乐道地跟我分享起关于修行和礼仪相关的话题。坦白讲，我不太能听得进去，不是因为我有多浮躁，而是他们这种所谓的"修行"实属太过表象。在终南山下租个院子，每天深居简出，便可自称是终南山的"修行人"。这里打个引号倒不是我在否定修行人本身，对于那些潜心修行悟道的人我内心是很钦佩的。只是有时候在想，这年头怎么会有那么多"修行人"呢？是一边打着"修行人"的幌子直播一边修行吗？还是仅仅只是表演得像一个修行人，仙气飘飘，归隐尘世，悲喜自度。有些人是对自己修行人的人设过分沉溺，有些人则是没有勇气和胆量面对真实的自己，总之，这种表演式的修行才是修行的最大障碍。

　　修不修行和修行本身无关，完全在于你自己如何起心动念，不做修行上的表演者，敢于直面自己的内心才是终身修行。 修行即修心，而非扮演一个自欺欺人的"修行人"！在人群中行走，从表象看真相，在生命中进化，从万象回本真。

　　敢于直面问题，才能解决问题，解决问题本身就是一场修行，除了直面自己的内心，也要有点修行的底气。

　　底气来源于能力，能力得益于方法。无论是在工作还是在生活中，方法是从解决问题的实践中不断汲取的，能力则是从多个方法中萃取提炼的。我曾经在课程中多次分享解决问题七步法，在此跟大家分享：

　　第一步：陈述问题。首先要列出我们要解决哪些问题，也就是我们必须明确问题到底在哪儿。列出问题的同时，我们还要盘点有多少资源、有多少时间可以去解决它。

第二步：分解问题。用思维导图、表格、文档等你常用的方法去拆解问题，我们可以按照轻重缓急去分类，把大问题拆解成小问题，然后落实到责任人。具体的小问题解决了，那么整体的大问题也就不难了。

第三步：分清主次。任何问题都有主要矛盾和次要矛盾，要把主要的时间、精力等放在主要矛盾上。

第四步：制订计划。制订计划时，要厘清手上到底有哪些工作资料，如何分配负责人，时间节点如何设置，阶段性目标如何制订等。

第五步：深入分析。我们要针对各种各样的关键因素进行分析，这里有三项大的原则：第一，以假设为驱动，但是一定是以结果为导向。第二，尽量把分析的过程进行简化，不要人为复杂化。第三，对于已经可以提前预见的困难因素要及时地制订解决方案。

第六步：得出结论。非常关键的一点，我们的目的是得出结论，而千万不要停留在分析本身。

第七步：复盘前因后果。这一步往往是很多人忽略的重要一步，我们在进行了前六步后，似乎得出了结论，但是千万不要忘记复盘，复盘的时候需要所有的团队成员来一次全面的总结。

这个方法最早是由麦肯锡公司提出来的，是为了分析我们在商业活动中有哪些机会，后来随着应用面越来越广，这个方法被用于各种各样的场合，我们只需要记住这七个步骤并熟练应用就可以了。

亚里士多德说："人生最终的价值在于觉醒和思考的能力，而不只在于生存。"

直面问题看似像是在解决一个又一个的问题，实际上是在训练我们的觉醒意识和思考能力，这些意识和能力最终会形成我们的价值，一个人有了价值才有底气。

第八节 自我提升，从管理自己的习惯开始

有一项研究表明，人们每天的活动中超过40%是习惯的产物，而不是主动做的决定。真正影响人生的往往不是大选择，而是小习惯。教育家乌申斯基在谈到习惯对人一生的影响时说："如果你养成好的习惯，一辈子都享不尽它带来的利息。如果你养成了坏的习惯，一辈子都在偿还无尽的债务。"好习惯就像一笔无形的资产，而管理习惯就是让人不断增值。

有人经常跟我说自己想学习礼仪进行自我提升，问我要怎样具体学习？我认为**礼仪是一种习惯，说到底，就是我们一言一行的日常**。

以下是常用的九个自我管理的好习惯：

一、仪表管理

干净整洁、衣着得体，这些都是对自己生活负责的表现。一个人的仪表未必奢华，但求合适且舒适。日常仪表管理需注意如下几点：

第一，头发的颜色要适度，除了考虑自己年龄、职业，还要兼顾眉毛，头发颜色尽量跟眉毛颜色保持一致。发型尽量做到干净、利落、爽朗，与自己的职业相匹配，再考虑减龄显年轻。不要在交谈时经常用手整理头发。

第二，女性出席正式场合必须化妆，公务场合慎用珠光眼影，尽量选用哑光色调。切勿在公共场合补妆，如果要补妆，可以到化妆间或洗手间，实在没有条件，就尽量避开众人。另外，切勿当众频繁照镜子、梳头发等。

第三，男性的职业形象也要与之匹配，在正式场合，一定要记得穿外衣，如果是穿单排三粒扣西装，则不要扣最下面的扣子。此外，尽量保持皮带、鞋子和包的颜色一致。

第四，注意保持干净清爽的气味儿，在公众场合不要让自己浑身酒气、烟味儿讨人嫌，也要尽量避免使用浓烈刺鼻的香水。要约见客户时注意当天不要吃蒜、韭等辛辣冲鼻的食物。

日常仪表除了仪容、服饰、配饰等之外，还跟我们个人生活习惯有很大的

关系。管理仪表，不仅是自我管理的开始，也会循序渐进地养成礼仪习惯。杨绛先生半生坎坷，她在最落魄的时候，依然会整理好自己的仪表，不让自己有一丝慌张。

你的仪表里，不仅藏着你现在的生活，还藏着你未来的运气。

二、时间管理

《礼记·中庸》中有句古训：凡事预则立，不预则废。"提前做"是时间管理的核心。

在《如何戒掉坏习惯》一书中，作者为了消灭自己的拖延症，每天提前一个小时去公司处理最重要的工作。周末不再是睡到自然醒，懒懒散散地度过一天，而是早起对新的一天做出规划。另外，他还严格控制自己的睡眠时间，不再熬夜，坚持每晚十一点准时入睡。通过三个月规律的生活和时间管理，他不但改掉了自己拖延的毛病，还成功瘦身了八公斤。

我们先养成了习惯，随后是习惯养成我们。

董卿每晚睡前雷打不动地读书一小时。外卖员雷海为在中国诗词大会上击败北大硕士逆袭夺冠，靠的是在等餐的间隙背上两句诗词。

时间管理，不仅是要学会如何规划好时间去完成自己的任务，更要学会如何有效利用时间去提升自己。一个精致的妆容，一次有条不紊的会议，一场标准化的商务宴请，你的时间观和原则性，就是你留给人的好印象。不慌不忙，从容应对，也是长久的时间管理后折射出的礼仪魅力。

三、健康管理

成年人的世界，变胖、变懒、变衰都很容易，但要培养一定的健康管理能力，却有些难度。只有管理好自己的身体，养成良好的生活习惯，保持健康作息，多运动、少熬夜、坚持健康饮食，拥有健康体魄才有资本去改变自己的生活，正如那句话"**照顾好自己的健康和情绪，这场人生，你就赢了一大半**"。

在进行礼仪教学实践中，我发现良好的仪态也是健康管理的一种，如标准的站姿、坐姿、蹲姿等，看似是简单的形体仪态，无形中也是在矫正我们的不良习惯和亚健康。良好的仪态与健康的体魄互相成全,坚持长期的健康管理能有效提升人的仪表魅力和幸福指数。

健康就是存款,快乐就是利息,照顾好自己,既有存款又有利息。

四、人际管理

最近看到一个网络词叫"社牛",是对社交能力强的人的一种肯定。很多人觉得自己缺乏这种快速建立人际关系的能力,进而羡慕拥有较强社交能力的人。那些为人际关系烦恼的人,虽然充满热情但往往自身能力不足,自我感受和自我成长都还没有实现,却又非常渴望与别人建立联系,这本身就是背道而驰的。

在前面的章节有写道:"礼仪是软实力,同时,礼仪即能力。"

人际关系的核心是能力,有能力才有吸引力,你认识很多人很容易,谁认识你才最关键。一切源自人际关系的烦恼,只有通过自我成长,拥有核心能力才能真正解决。**人际关系的管理无非拥有这几种能力:有德、有用、有趣、有容、有料。如果想让别人接受自己,先想想自己有什么长处**。与其把精力浪费在虚假的人情往来中,不如抽出时间,专注自己想要做的事情。

人际管理最终是一场能力的比拼,所谓关系,就是"你是谁"。

五、兴趣管理

梁文道在《悦己》中写道:"读一些无用的书,做一些无用的事,花一些无用的时间,都是为了在一切已知之外,保留一个超越自己的机会,人生中一些很了不起的变化,就是来自这样的时刻。"

兴趣,是心灵的寄托,不仅愉悦精神,还能激发人的创造力。

人的一生可能只有一种爱好,或者随着年龄的增长,生活的变迁,会有多种爱好。但是无论怎样,只要有爱好,就有了精神上的寄托,就有了人生的乐趣,就不会感到孤独无聊。

另外,有的人会选择某项专业或事业作为自己的兴趣爱好,持之以恒去追求,最终有所收获。有的人把兴趣发展成自己的事业,也有人把事业变成了自己的兴趣，不管是不是自己选的，只有在做自己喜欢的事情时，整个人才是自由的。这种自由能给人生带来更多的乐趣，从而会让自己变得更加优秀，让生活更加美好，这就是兴趣带来的价值。

朱光潜在《谈休息》中写道："人须有生趣才能有生机。生趣是在生活中所领略到的快乐，生机是生活发扬所需要的力量。"**热爱，可抵岁月漫长，是忙时的慰藉、闲时的充实，因为兴趣本身就是一种力量。**

六、心态管理

我们应该如何保持良好的心态呢？

《百家讲坛》中赵玉平老师讲过一段关于如何保持好心态的观点："首先要找准自己的位置，其次一定要找准比较对象。"

譬如说，现在很多年轻人都不愿意吃苦受累，经常挂在嘴边的一句话是："凭什么别人不干就让我干？"凭什么呢？凭角色差异。孙悟空有本事，猪八戒有感情，沙和尚跟孙悟空比不了能力，跟猪八戒比不了感情，跟唐三藏比不了修行。所以沙和尚不能瞎比乱比，他需要找一个正确的比较对象——白龙马。

看清本质，摆正位置，学会克制，保持理性。别把自己看得太重，其实你真的没有想象中的那么重要，也别把别人看得太重，一味地放低姿态会让自己很累。

心大事就小，心小事就大，一个好的心态往往能解决生活中大多数的烦恼，心态有多好，便活得有多好。

七、思维管理

有人曾专门做过一项研究：穷人为什么穷？富人为什么富？

经过五年的调查研究发现，富人身上具备的很多好习惯在穷人身上根本不具备。这些习惯便是："经常阅读、坚持早起、每天花三十到四十分钟时间思考、不盲目、不从众"，这些事情短期做起来相对容易，但长期坚持却十分困难，这些习惯中很大一部分是属于"思维管理"，譬如反省能力、分析问题的能力、知识量的储备等。

很赞同这样一句话："不懂反省的人，只会从生活的这个坑掉进另外一个坑。"很多时候，不是变得优秀了才能拥有好习惯，而是拥有了好习惯后才能变得优秀。一个不懂反省的人，不过是把糟糕的自己，重复了一日又一日，一年又一年。

学会总结反思，才能在逆境中积累经验、在顺境中平稳向前。

八、金钱管理

关于金钱管理，可能我们在很多银行和投资理财机构都听过专业人士教你如何理财，那些专业术语大部分人其实都记不住。这里浅谈两点我的理解，我认为金钱管理简单来说就是如何存钱和赚钱。

第一，如何存钱？

存钱的比例往往跟我们赚钱的阶段有关系，总体来说存钱比例占收入的10%往上都可以。如果刚工作收入较低，生活成本已经占了大头，那每个月存10%就可以了，目的是养成良好的存钱习惯。对于收入较低的人，一定要提升自己的赚钱能力，把时间、精力、金钱花在提升自己的价值上。随着你收入的增加，再去调整相应的存钱比例。虽然有很多金融讲座里讲如何把钱分成四份和六份之类的，但我觉得不太适合所有人。

另外，还要学会省钱，毕竟存多少跟我们的消费直接挂钩。这里我推荐一个四十八小时购物原则，意思是：当你想花钱买一件东西的时候，当时先别买，有可能是冲动消费。等过四十八小时以后再说。如果四十八小时后你还是特别想买它的话，那就去买。通常来说，经过四十八小时以后，绝大多数人有80%的东西都不想买了，这样钱就省下来了。

第二，如何赚钱？

关于如何赚钱这个话题，一定和自身的能力价值密不可分。无论时代怎么变，专业都是个人的核心竞争力，也是不可复制的利器。所以，如何赚钱的前提就是不断提升自己的价值，让自己变得值钱。

此外，也有人把投资理财作为赚钱的一种渠道，至于你愿意拿出多少钱去理财,有人说不能超过 30%,也有说不能超过 20%,我觉得还是取决于你自己,这也因人而异。有人愿意拿出全部积蓄甚至抵押全部资产去创业,也有人一辈子都选择把钱存进银行不买任何理财产品,总之,多学习点专业的理财知识,提升自己的抗风险能力总没错。

金钱管理的核心是"我们管理金钱,而不是金钱管理我们",金钱管理的真正目的是让我们的认知和价值得到最大化的提升,让生活变得更美好!

九、情绪管理

美国洛杉矶大学医学院的心理学家加利·斯梅尔曾经做过一个实验:他让一个乐观开朗的人与一个郁郁寡欢的人共处一室,结果不到半小时,这个原本乐观的人也开始唉声叹气起来。加利·斯梅尔通过进一步的实验证明,人与人之间只需要二十分钟,不良情绪就会在不知不觉中传染给别人。人的坏情绪就如同病毒一样,具有很强的攻击性和传染性。

在睡眠不足的时候,不要去做有挑战性的事情,譬如去和客户洽谈、去参加社交等。不开心了,可以独处,做些能分散自己注意力的事情,譬如散步、睡觉、刷剧……难过了,要么大哭一场,要么大醉一场,也可以大醉一场后再大哭一场……总之,你越跟自己过不去,就越会被糟糕的情绪吞噬。**如果做不了心态的主人,也不要做情绪的奴隶。**

作家三毛曾经说过这样一段话:"偶尔抱怨一次人生可能是某种情感的宣泄,也无不可,但习惯性地抱怨而不谋求改变,便是不聪明的人了。"有时候人们往往爱把问题严重化,导致自己抱怨不已,而且这种长期的抱怨造成了大量的时间浪费和精神内耗。**停止抱怨,能消除你一半的负面情绪**。人生在世,有人喜欢你,也有人讨厌你,我们之所以活得很累,并非生活窘迫,而是太容易被他人的情绪左右。

自我提升,从管理自己的习惯开始,以上这九种习惯不仅包含了我们一言一行的日常,也是人生沉淀的智慧。

撒切尔夫人有句名言:"注意你的习惯,因为他们将变成性格;注意你的性格，因为它们将决定你的命运。"好习惯成就人生，坏习惯破坏人生，习惯好坏不仅决定一件事情的成败，还会影响一个人的命运。

第五章

礼仪不是高高在上的优雅,而是一言一行的日常

第一节 仪容礼仪——你脸洗"干净"了吗?

最近有个词叫"容貌焦虑",是指在放大颜值作用的环境下,很多人对自己的外貌不够自信。2021年2月,中青校媒面向全国2063名在校大学生开展关于"相貌"问题的问卷调查,结果显示,近六成的人存在一定程度的容貌焦虑。专家分析,主要是现在的年轻人在初入职场前,时常被不正确的心理暗示包围着。

比起容貌焦虑带来的不安,真正的美丽是即使卸下装饰和粉黛,依然拥有一张干净的脸。那些让人赏心悦目的人,一定不只是脸长得好看。认真了解自己,大方面对自己的优缺点,外表干净是尊重别人,内心干净是尊重自己,干净是一个人最好的气质,也是最珍贵的赞美。

美的标准从来都不是统一的,而得体的仪容却是相似的。仪容礼仪不是浓妆艳抹大红唇,不是绚丽发色求个性,更不是盲目跟风赶潮流。仪容礼仪,是因地制宜的匹配感、是形象协调的舒适感、是职业魅力的放射感。简单通俗地说,就是做什么事,像什么样。

仪容,通常是指人的外观、外貌。在人际交往中,每个人的仪容都会引起交往对象的特别关注,并将影响到对方对自己的整体评价。

什么叫仪容美呢?

首先,仪容美是自然美。它是指仪容的先天条件好,天生丽质。尽管以相貌取人不合情理,但先天美好的仪容相貌,无疑会令人赏心悦目,感觉愉快。

其次,仪容美是修饰美。它是指依照规范与个人条件,对仪容进行必要的修饰,扬其长,避其短,设计、塑造出美好的个人形象,在人际交往中尽量令自己显得有备而来,自信自爱。

最后,仪容美是内在美。它是指通过努力学习,不断提高个人的文化、艺术素养和思想、道德水准,培养出自己高雅的气质与美好的心灵,使自己秀外慧中,表里如一。

真正意义上的仪容美,应当是上述三个方面的高度统一。忽略其中任何一个方面,都会使仪容美失之于偏颇。在这三者之间,仪容的内在美是最高的境界,仪容的自然美是人们的心愿,而仪容的修饰美则是仪容礼仪关注的重点。

修饰仪容的基本规则是:美观、整洁、卫生、得体。

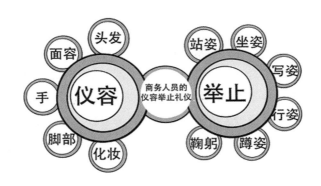

1. 整体:干净整洁,自然爽朗,大方得体,精神奕奕,充满活力。不能不修边幅,肆意彰显自己的个性。

2. 头发:头发整齐、清洁,如果染发要选适合自己的发色,不可染过于个性的颜色,如粉色、蓝色等,同时,所选的颜色要适合自己的职业和风格。发型的选择也要考虑自己的整体性,如场合、职业、年龄等,不得随意披头散发,不宜留过于夸张的发型。有些服务行业要求头发过肩要扎起,要使用公司统一发饰,不要使用夸张耀眼的发夹。

3. 耳饰:正式场合尽量佩戴小耳环(无坠)或者耳钉等,颜色淡雅。不宜佩戴颜色过于绚丽、造型夸张的大耳饰。

4. 面貌:精神饱满,表情自然,不带个人情绪。女性面着淡妆,不使用浓烈气味的化妆品。男性也要修饰自己的胡须、修整鼻毛、打理整齐头发,正式场合不要露出胳膊,穿长袖的衬衫或者正装。

5. 眉毛:眉毛颜色尽量跟头发颜色保持一致,再根据自己的眼睛、脸型修饰自己的眉形。

6. 眼睛：正式场合眼妆以淡妆为主，不可化过于浓的眼妆，眼线也要自然，不可过分上挑。不可用颜色夸张和饱和度过高的眼影，尽量选用哑光眼影，慎用珠光眼影。

7. 唇部：不可用颜色夸张和饱和度过高的口红，口红与眼影、腮红的颜色尽量保持在同一色系，面部不可出现过多的颜色。口红脱落时，要及时补妆。出门要养成带口红的习惯，尽量不要用别人的口红补妆。

8. 手部：正式场合不留长指甲，保持手部及指甲清洁，不涂有色指甲油，不做夸张的美甲，尽量不佩戴夸张首饰。

9. 衣服：合身、烫平、清洁、无油污，员工牌佩戴于左胸，长衣袖、裤管不能卷起，夏装衬衣下摆须扎进裤子内或裙子内，不要穿过于紧身和过于宽松的衣服。

10. 鞋：保持清洁，无破损，女士高跟鞋不可过高，走路时不要发出过大的响声。

11. 袜子：正式场合，女性要选无花、肉色的丝袜，无勾丝，无破损。男性的袜子尽量保持与鞋子同色系。

12. 身体：勤洗澡，无体味，不要使用过于浓烈的香水。

总之，仪容礼仪是为了突出修饰美，所以，女性出席正式场合必须化妆，男性也要突出自己有修饰过的痕迹，这样才能给人一种尊重感。在修饰的过程中，我们除了参考以上信息外，也可以根据季节、时间、环境等，去展示自己的仪容礼仪。如春季，可以选明亮清新的衣服和妆容，秋冬可选色彩感庄重的颜色去搭配，参加晚宴穿礼服时，可选择佩戴华丽贵重的饰品，化鲜亮明艳的妆容。

仪容礼仪，修饰之美是为了更好地进行自我匹配，言行得体，才能让仪容礼仪展示出自身的魅力。如不要当众经常用手去整理头发、不要当众说不雅之词、不要当众补妆等。

傅首尔曾经说过这样一段话："我人生最大的遗憾，就是在我的少女时代从来没有觉得自己漂亮，今时今日，我已经38岁了，有时候我看到自己大笑的样子，会发自内心觉得这个女人真好看啊，我最大的成就是终于学会了欣赏自己，一旦你停止羡慕别人、欣赏自己，就根本不存在什么长相平平。"

仪容礼仪，是你驾驭仪容，不是仪容驾驭你。把脸洗干净，直面自己的优缺点，和自己的素颜和解，再尝试适合自己的仪表妆容。毕竟，除了修饰美，你还拥有自然美和内在美，所以，先了解自己，再欣赏自己，最后成为自己。

第二节 服饰礼仪——高级感穿搭，这是一场经济学效应

《第四消费时代》一书认为，进入第四消费时代人们不再盲目地追求奢侈品带来的满足感，而是追求除了物质以外的舒适和幸福，日本就处于第四消费时代。大多数人认为，中国正处于第二、第三、第四消费时代共存期。在偏远的农村，处于第二消费时代，他们的观念是"大的就是好的""繁琐是好的"；三四线城市，处于第三消费时代，他们的观念是"个性化、品牌化"，追求与众不同，喜欢名牌；一二线城市，处于第四消费时代，更加崇尚无品牌，休闲倾向，整个社会趋于共享。

但是，随着中国经济近几年迅猛发展，互联网的快速普及，大家接受信息的程度慢慢趋同，就算非一二线城市，大家的消费观念及审美水平也在随之改变。比如，短视频里很多四五线城市的小姐姐们，穿衣及化妆风格都很前沿时尚；同时，自媒体时代让大家的审美变得多元化，且突出自己的个性。在居家环境上，越来越多的中国人喜欢极简装修风格。总的来说，大众的审美水平和消费观念会受经济的影响，而中国大众的消费观念正在往第四消费时代慢慢转变，对真正"高级感"的事物，有了自己的理解和思考。

最近有个词叫"高级感穿搭"，很多博主都在教自己的粉丝如何拥有这种

"高级感"。确实，形象上的改变会带来心态上的改变，在职场上，把自己打扮得养眼得体，不但是对别人和自己的尊重，更重要的是能力的象征，代表你能从容地兼顾好工作和生活的事情，而不是疲于奔命。

关于"高级感"，这个词本身就是很难定义的。我们尝试着换个思维方式，看看什么是低级。低级意味着：多欲求的、浓艳的、盲目的。那么，反过来看"高级感"，大概可以解读为：克制的、极致的、特立独行的，最终是自由的。

首先，高级感是克制的。

礼仪中的首要穿搭原则就是要学会"克制"，不能随心所欲。在职场中，当大家穿上棱角分明的西装和裙子时，我们的行动一定没有穿运动装时方便，但这也无时无刻不在提醒着我们：讲原则、守规矩。

第一，穿着要符合职业、身份和场合

女性不要在正式场合穿皮裙，因为皮裙在国际礼仪中是特殊职业的代表，会引起职业上的误会。如果自己喜欢，可以私下游玩时穿，这就要求我们自我克制。

男性在正式场合可选择蓝色、灰色、黑色等深色系西装，不要穿色彩饱和度过高的颜色，如红色、绿色、黄色等。

此外，夏天即便再热，出席正式场合，男性需要穿长袖的衬衫和西装，女性则穿中长袖的正装，女性穿正装时不可配露脚趾的凉鞋，并且要搭配长筒肉色丝袜，职场上第一考虑的是需求，而不是喜好。

第二：服饰颜色不要超过三种

"高级感穿搭"除了材质、场合外，还需要考虑整体的颜色搭配，以"化繁为简、讲求重点和同色系"为主。所以，衣服的颜色并不是越多越好。

一套衣服的颜色尽量保持在三种以内，服饰的颜色要以同色系颜色为主，如深蓝、浅蓝，深灰、浅灰等，总之，整套衣服要有整体的色调，颜色不要杂乱分布。

第三：尽量选饱和度低、让人冷静的颜色

德国工业设计师迪特·拉姆斯,在他的"设计十戒"中有提到:"好的设计是尽可能地无设计",体现出简洁、克制的重要性。比如:无印良品,在"冷淡风"的背后充满了对欲望的克制,产品设计以更亲近自然的棉、麻、羊毛的材质配上木本、黑、白、灰色。不管是从造型,还是从用色上都极度的克制,但是给人高品质,很舒服的感受。反而那些高饱和度和纯度的配色设计,给人一种混乱的、不舒适的感觉,甚至有时在穿搭中显得服装比较廉价。

我们经常说"高级灰、高级蓝"等,很少听到"高级红、高级绿"。

所以,在服饰的颜色选择上,要想高级,就要"克制"。如黑、白、灰、蓝等饱和度低且让人冷静的颜色,能传递出专业、可信的信息。

为什么克制地用色,能给人高级的感受呢?因为这样会削弱色彩对人情绪的影响,反而有治愈的能量。

油画家乔治·莫兰迪(莫兰迪色也是根据他的名字而来)在他的画里,所有的色彩都渗入了灰色和白色调,失去了原本或艳丽或凝重的本色,柔和优雅,而又统一地混合在一起。用现在的话来说就是:克制、留白、极简。再比如,之前热播的电视剧《延禧攻略》,一改以往流量电视剧那种高饱和度和艳丽的配色,犹如一股清流,让人眼前一亮,感觉把整部剧都带得高级了很多。

心理学上有个"留白效应",意思是做事说话等要给别人留有一定的想象空间,穿搭也是如此,克制的造型及用色、适当的留白、极简的画风,让对方关注自我本身,反而显得更加自信,从而给人传递出高级的视觉感受。

其次,高级感是极致的。

人们常说,细节决定成败。其实,让人们感到"高级"的事物,都有一个共性:对细节追求极致。高级感穿搭中,细节往往是决定"高级感"的核心因素。

第一:男性正装的"三一定律"和"三色原则"

"三一定律"和"三色原则"是穿西服套装最重要的规则,也是最能体现"高级感"穿搭中的极致感,突出细节。

"三一定律"指的是穿西服套装时,鞋子、腰带、包应为同一颜色。 在正规场合，男性尽量要穿西服套装，袖口的商标应拆下，上衣的口袋里不要放置任何东西。

"三色原则"指的是穿西服套装的时候，全身的颜色不能多于三种，包括上衣、下衣、衬衫、领带、鞋子、袜子在内，全身颜色应该被限定在三种以内。如穿深色西装时应搭配深色的袜子，不可出现白袜子配黑西装。

在穿搭中，大部分女士往往追求时尚，大部分男士更多关注档次，要把有档次的服装穿出档次来，"三一定律"和"三色原则"这样的搭配技巧不可不知，也是最基本的穿搭礼仪。

第二：女性配饰的"三件原则"

"三件原则"是指女士配饰应讲究同质同色，且不多于三件。如戒指、耳环、项链、手表等的佩戴，数量上一般两件即可，最多不要超过三件。配饰尽量选择同材质、同色调的来呼应搭配，可以成套佩戴，也可以分开搭配，以此来突出穿搭的细节。

第三：西装的选择和纽扣的扣法

男性西装纽扣系法模型图

西装纽扣除了固有的装饰功能，扣法也大有讲究，依照通常的国际西装着装礼仪，应"坐时解扣，站时系扣"。这样做有两个好处，首先，使服装不容易扭曲变形，其次，可以使着衣人更显舒服自然，否则再好的西装都有被崩开

纽扣扯坏的风险。此外，西装纽扣，是区分西装款式和版型的重要标志。

通常情况西装的款式分为以下几款：

单排一粒扣西装：单排一粒扣的西装站立时需系扣，坐下时解扣，系上端庄，不系则潇洒休闲。一粒扣西装相较其他款式偏重时尚感，颜色呈现多样化的特点，在设计上也有很多变化元素，作为出席活动穿着非常适宜。

单排两粒扣西装：两粒扣西装扣上面一粒表示郑重，第二粒永远不系。两粒扣是西服套装中最为常见，也是众多男士普遍选择的一款，属于中规中矩，如果出席商务正式会议，选择两粒扣一定不会出错。

双排扣西装：一般情况下，双排扣西装需要把扣都系上。双排扣的西装的设计风格略偏于稳重，如同西装家族里的贵族，天生自带绅士高贵的气质，在商业和晚会等场合比较多见。

西装三件套：三件套西服，里面的马甲是需要扣上的，最后一粒扣永远不扣，如果是特别紧身的款式也可以敞开马甲最顶端和最底端扣子。而外面的西服外套一般是不系扣子的。西装三件套优雅贵气，瞬间变成了最有腔调的绅士，同时三件套西装也给人塑造一个严谨、专业的职业形象，是出席不同的商业活动和宴会时的正确之选。

不同场合西装的选择要有所不同，扣子的系法也是点睛之笔。

简单到极致便是高级感，极致，是一种态度。

最后，高级感是特立独行的。

在网红经济盛行的今天，经常能看到欧式平行大双眼皮和浓浓的玻尿酸脸。虽然并不丑，但是总觉得不够高级。人类本能习惯于盲目追随、容易妥协。因此，独立思考、特立独行且自信的人或事物，常给人很高级的感觉。

为什么超模那样高冷的脸蛋会给人一种高级感呢？

因为，他们有特色的五官长相，这或许并不符合大众的审美，但意味着不向大众主流审美屈服和妥协，而且非常自信。同时，这种高级感也意味着在他们身上看不到欲望、谄媚和讨好。

总的来说，高级感是克制的，它极简、低调、且优雅；高级感是极致的，对细节完美追求、具有匠心精神；高级感是特立独行且自信的，不盲目追逐潮流、不讨好、不妥协。

此外，高级感还取决于个人审美、教育水平、成长环境以及价值观，内心中追求更多的是自我愉悦和精神自由。在审美的背后，是国家经济的强盛，是文化的自信，是富足的内心。

高级感穿搭，这是一场经济学效应。

第三节 称呼礼仪——称呼别人要用"尊称或敬称"

前两天收到一条信息，一个女孩向我请教工作问题，张口就来一句"美女，你在吗？"坦白讲，这让我感到非常不适。当然，我这里所讲的称呼主要是针对正式场合和日常人际交往，因为这是我们开口的第一句话，所以就需要有最基本的称呼礼仪。

称呼礼仪原则请记住：要用尊称或敬称。称呼别人之前，应该了解对方的职业或职位，再考虑自己和称呼对象的关系。

第一：要搞清楚自己和称呼对象之间的关系。尽量按照"姓氏＋职务或姓氏＋职业"的方式来称呼，例如，这个女孩如果按照"姓氏＋职务"就应该称呼我为"杨总"，如果按照"姓氏＋职业"就应该称呼我为"杨老师"。

第二：如果是第一次见面不知道怎么称呼，可以先听听别人是怎么称呼的。同时，也听听关系不同的人如何称呼对方。如果是熟悉的同事或朋友，可以直呼其名，或者叫省略姓氏的名字，也可以用"老张""小王"等方式进行亲昵的称呼，但不可直接叫别人绰号或者乳名。如果你不知道对方的职业和职务，也没有听清楚别人怎么称呼，那我们就要学会观察。如果比你年长的，日常可以称呼为"叔叔、阿姨、哥哥、姐姐"等敬称，例如，这个女孩完全可以称呼我为"杨姐"或者"小杨姐姐"等。

第三：称呼别人要尊重个人习惯。如果不知道别人喜欢怎样的称呼，你可以主动询问，如果别人明确告诉你不要叫他什么，你一定就不要叫他什么。有的人更认可别人叫他的英文名字，但你固执地叫他中文名，他会感到你的固执和无礼；有的人不喜欢别人在他姓氏前加个"老"字，甚至不喜欢比他稍小的人叫他"哥或姐"，你如果总是犯忌，别人会认为你听不进去话。大部分的人习惯别人对他以职务相称，如果你觉得朋友之间无须那般正式，却不知直呼其名的同时有可能已经冒犯了他。称呼该如何叫，就像一个人有特殊的爱好，千万不要无视主人的爱好和习惯乱用称呼。

第四：如果同时与多人打招呼，应遵循"先长后幼、先近后远、先女后男、先疏后亲"的原则，以免失敬于人。

《礼记·仪礼》道："言语之美，穆穆皇皇。穆穆者：敬之和；皇皇者，正而美。"意思是说，对人说话要尊敬、和气，谈吐文雅。现在我们称呼对方的代词只有"你"和"您"，而古代，虽然有"汝、尔、若、而、乃"等好几个称法，但是古代人无论对长辈还是平辈说话，从来不用这些词，认为如此称呼不礼貌。

古人有多种多样表示尊敬的称呼方法，用"道德高尚"的说法称呼对方，如称人为"夫子、先生"等；称呼对方的身份时加上"贤、尊、高"等字眼，如"贤侄""贤婿"等；用"不聪明"的说法来称呼自己，如自称"鄙人、小人、愚兄"等；称自己的身份、职务，有时还加上"卑、小、贫"等字眼，如自称"弟子、学生、小生、贫僧、卑职"等。

称呼，可以与众不同，却要深藏敬意。

第四节 握手礼仪——握手时女士应该先伸手

两人相向，握手为礼，是当今世界最为流行的礼节。现代握手礼通常是：先打招呼，然后相互握手，同时寒暄致意。握手礼流行于许多国家，是交往时最常见的一种见面、离别、祝贺或致谢的礼节。

关于握手礼的由来，通常有三种说法。

说法一：握手礼源于战争。战争期间，骑士们都穿盔甲，除两只眼睛外，全身都包裹在铁甲里，随时准备冲向敌人。如果表示友好，互相走近时就脱去右手的甲胄，伸出右手，表示没有武器，互相握手言好。后来，这种友好的表示方式流传到民间，就成了握手礼。当今行握手礼也都是不戴手套，朋友或互不相识的人初识、再见时，先脱去手套，才能施握手礼，以示对对方尊重。

说法二：握手礼来源于原始社会。早在远古时代，人们以狩猎为生，如果遇到素不相识的人，为了表示友好，就赶紧扔掉手里的打猎工具，并且摊开手掌让对方看看，示意手里没有藏东西。后来，这个动作被武士们学到了，他们为了表示友谊，不再互相争斗，就互相摸一下对方的手掌，表示手中没有武器。随着时代的变迁，这个动作就演变成了握手礼。

说法三：握手礼还是来源于原始社会。当时，原始人居住在山洞，他们经常打仗，使用的武器是棍棒。后来他们发现可以消除敌意，结为朋友，而最好的表达方式是见面时先扔掉手中棍棒，然后再挥挥手。

我们不需要时时刻刻都向这个世界握紧拳头，有时试着伸出手去表达友好，是握手礼仪的初衷，握手言和，以礼相待，不胆怯、不后退，是成年人的基本修养。

怎样正确握手呢？

握手时，虎口相交，看着对方的眼睛并致以问候，持续三秒就可以了，不用过度寒暄，也不要只给对方一个手指尖。

在社交场合，女士应该先伸手，在公务场合，也可根据职务高低确定谁先伸手。握手的原则是尊者先伸手，即长辈和身份职务高的人先伸手。如果参加活动，在不认识对方的情况下，尽量按远近顺序去握手，一般从距离自己最近的人开始。最后，不论和谁握手，都请摘掉手套和墨镜，同时，都请保持手部洁净干爽。

关于女士先伸手，主要是为了尊重女性，让女士有选择握手的权利。这点是日常中很多人都会忽略的。

与君子握手，因为敬仰君子，与小人握手，但求小人无害。与成长肝胆相照，和自己握手言和。

握手礼仪，女士优先。

第五节 介绍礼仪——介绍时要先把男士介绍给女士

老舍在《骆驼祥子》中写道："我们所要介绍的是祥子，不是骆驼，因为骆驼只是个外号。"介，古代传递宾主之言的人。绍，绍为继、接续之意。介绍指相继传话，为人引进或带入新的事物。

介绍礼仪，是社交场合很重要的礼节，直接关系到第一印象，也是必须掌握的社交技术。介绍和被介绍是社交中常见而重要的一环，主要分为：自我介绍、他人介绍和集体介绍。

一、自我介绍

自我介绍因对象和场合有所不同，但总体来讲要有重点地进行自我介绍，传递出重要的信息即可，主要包含以下信息：

个人背景：姓名、籍贯、毕业院校、专业及学历、爱好等；

从业背景：就职单位、合作单位等；

专业技能：岗位专业、学术技能、科研方向等；

提供价值：能提供给别人什么帮助，如专业能力、人脉资源、合作需求等；

加深印象：用幽默或警句概括自己的特点可加深印象；

致以感谢：最后要向主人表示谢意，感谢提供相识的场合，再向大家表示感谢。

自我介绍时，不宜太过啰嗦，有选择地进行介绍，语言要精练、准确，把握好介绍的时间，最好控制在3分钟以内。

二、他人介绍

日常介绍他人的顺序，你做对了吗？

男士与女士，先介绍男士；长辈与晚辈，先介绍晚辈；上级与下级，先介绍下级；如果是商务或公务宴请，应该把自己单位的人优先介绍给外单位的人，将自己的家人优先介绍给客人。

他人介绍礼仪的原则：位尊者有优先知情权。例如，要先把男士介绍给女士，这里的"女士优先"指的是女士有优先认识男士的权利。此外，他人介绍前，也要私下征求双方的同意，要顾及到双方的情绪，不能厚此薄彼。

三、集体介绍

作集体介绍时，要先选定介绍人，通常由东道主或双方都熟悉的人来担任，介绍原则还是"位尊者有优先知情权"。

如果把个人介绍给集体时，可以只向集体介绍个人基本情况，如姓名、职务、单位或成就等；如果介绍的双方都是集体时，应先介绍级别低或者规模小的一方，以示尊敬。

不论是哪种类型的介绍，还需要注意以下几点：

1. 语速尽量放慢，说话确保个人或集体都能听见，注意抑扬顿挫；

2. 切忌过长或过短，要让别人有记忆点，时间最好保持在 1-3 分钟以内；

3. 逻辑清楚，有条不紊。不要天马行空、信手拈来，自己最好整理出一条介绍线；

4. 可以讲自己的不足，用幽默的方式自嘲一下；

5. 尽量不要重复；

6. 不要有太多小动作，如不断撩头发、眼神飘忽等。

并不是每场相遇都有结局，但每场相遇都有意义。人生中的很多相遇都伴随着那声"您好"，这也是我们最应该学会的介绍礼仪。

最后，如果你读到这里，我想重新介绍一下自己：

认识一下，我叫杨毅，性别女，你也可以叫我小名"苗苗"。爱吃牛羊肉、爱喝气泡水，经常偷偷在深夜撸串喝啤酒，偶尔也吃辣条，请原谅我这次跟优雅没啥关系。另外，其实我根本不喜欢吃西餐，油泼面和牛肉面更适合我的西北胃。至于为啥跟你说这些，你看你都读到这里了，我觉得你对我也要有知情权，因为我们是朋友！

第六节 电梯礼仪——乘电梯时接待人员要"先进后出"

1853 年，在纽约水晶宫举行的世界博览会上，一位四十岁事业并不成功的机械师留着整齐的小胡子，戴着高顶礼帽，他站在装满货物的升降梯平台上，命令助手将平台拉升到观众都能看得到的高度，然后发出信号，令助手用利斧砍断了升降梯的提拉缆绳。令人惊讶的是，升降梯并没有坠毁，而是牢牢地固定在半空中。"一切安全，先生们。"这个站在升降台上挥手致意的人就是电梯的发明者依莱沙·格雷夫斯·奥的斯。谁也不会想到，这就是人类历史上第一部安全升降梯。

今天，电梯已经是我们日常生活中几乎每天都会用到的工具，也是我们待人接物的关键场景，除了学会安全使用外，还需要学会电梯场景中的实用礼仪。毕竟，很多人的一天是从挤电梯开始的，除了混合的打包早餐味儿，还有一天的精气神。

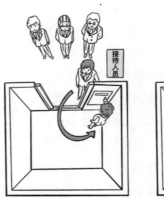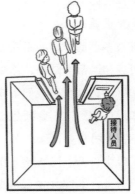

一、等电梯

等电梯时，一般会遇到以下几种情况：

若遇到上司，有礼貌地站在上司身后。

若遇客户，可选择与对方并肩而站，方便沟通。

如有很多人在等候电梯，应该有序排队等候，不要挡在电梯门正前方，影响电梯内的乘客下电梯。电梯到达，门打开时，先等别人下电梯。此时可按住外面的电梯呼梯按钮，不让门关上，使大家有足够时间下电梯。

二、进电梯

进电梯时，靠电梯最近的人先上电梯，然后为后面进来的人按住"开门"按钮。

如果你是主人、下属或接待人员，且上司或客人不止一人时，可先行进入电梯，一手按开门按钮，有序指引大家进入，并礼貌地说"请进"。接待时，主人、下属或接待人员要遵循"先进后出"的电梯礼仪原则，让尊者、女士、客人等依次进入电梯，确保他们的安全。切勿用胳膊挡住电梯让客人进入，这种做法既不雅观也不安全。

  如果电梯里有专门的电梯员，应让长辈、上司、老人、客人和女士先进入电梯，自己后进入即可。

  此外，如果你是主人、下属或接待人员，应该站在电梯口处，以便在开关电梯时为客人或上司服务。电梯内尽量侧身面对上司或客人。

  如果在人很多的情况下你后进电梯需要按楼层，不要使劲挤过去按，可以礼貌地请求靠近按钮的人帮忙按一下。如果你站在按钮附近，请帮助距离稍远的乘客按下按钮。

  三、乘梯中

  在电梯上升或下降的时候，尤其是在人很多的情况下，为了避免尴尬，可以抬头看楼层显示屏，尽量不要盯着某个人看，也不要盯着某个部位看。和熟人或领导乘坐电梯时，可视状况是否交流，正常情况下打招呼即可。如没有其他人员时，可适当交流，有外人在时，尽可能不进行过长的交流。如果有必要交流，也要压低音量。

四、出电梯

出电梯时，主人、接待人员、下属等还是要遵循"先进后出"的原则。

在接待或上下级同乘时，到达目的楼层后，如果你是下属或接待人员，一手按住开门按钮，等上司或客人走出电梯后，自己再出电梯。如果是接待客人，在客人出电梯后，你应该立刻步出电梯，并热诚地引导行进的方向。

但也有例外，比如你进了电梯，人很多，你是最后一个进去，堵在门口，那你就得先出电梯。

五、乘电梯时的禁忌

禁忌1：站在进电梯门处，妨碍别人进出；

禁忌2：不依次进入电梯，插队，甚至冲撞他人；

禁忌3：不等待即将快步到达的其他乘客而关闭电梯门；

禁忌4：对着电梯里的镜子旁若无人地化妆，涂口红、梳头发、补妆等；

禁忌5：大声喧哗，聊八卦，打情骂俏，大声打电话；

禁忌6：在电梯里吸烟、喷很浓的香水；

禁忌7：在电梯里吃东西，特别是韭菜、榴莲等气味儿较浓的食物；

禁忌8：多人同乘电梯时，带宠物进电梯，而不等候下一班电梯。

电梯礼仪，虽然充满了空间的限制，但也流露出人性的善意。人生就像坐电梯，保持平稳的情绪，行为得体，即使拥挤，也不要太过烦躁，心平气和乘坐都会匀速到达。

第七节 电话礼仪——应该选择微信通话还是打电话？

早在 18 世纪欧洲已有"电话"一词，用来指用线串成的话筒（以线串起杯子）。电话的出现要归功于亚历山大·格拉汉姆·贝尔，早期电话机的原理为：说话声音为空气里的复合振动，可传输到固体上，通过电脉冲于导电金属上传递。贝尔于 1876 年 3 月申请了电话的专利权。在今天，我们所指的打电话更多都是用手机。

用微信和打电话有什么区别呢？

今天大家的联系普遍都是用微信或者其他工作软件，打电话的次数已经越来越少了，但不知道你们有没有发现一个规律，当我们正在忙碌时，如果微信提示音响起，有一大部分人可能因为忙碌不会去看。但往往电话铃声响起时，如果标记的不是骚扰电话，我们会下意识接听，因为第一反应是"打电话有事儿"。所以，**当遇到正式且紧急的事情，还是建议直接打电话，不仅能提高效率，还能引起重视。**

电话礼仪主要把握住三点：时间和空间、通话时长和内容、谁先挂电话。

时间的选择：早上 8 点前、晚上 10 点后，无关紧要的事情不要打电话给对方，如果有很紧急的事情也应该说一声"抱歉，这么早/晚打扰了。"就餐时间段也尽量少打电话，以免打扰对方就餐和休息。节假日期间没有重要的事情，也尽量不打电话，问候祝福除外。

空间的选择：正式通话要选择安静、噪音小的地方，切勿在公共场合高谈阔论地通话，如高铁、办公室、餐馆等。

通话时长：正式通话宜短不宜长，应遵循电话三分钟原则，长话短说。打电话时开门见山说明通话目的，尽量不要闲扯，表达时也尽可能清晰明了。

通话内容：挑重点说，切忌让别人猜，最后将通话的要点进行简单复述并确认，对于通话内容中的重点信息，做好相关记录，如时间、地点、人名、数字等，务必确认准确并做好核实。

谁先挂电话：挂电话的原则是地位高者先挂，如长辈、上级。平级情况下，谁先打电话谁先挂。

此外，还需要特别注意以下三点：

第一：给不熟的人打电话，一定要自报家门，并且确认对方身份。很多人电话拨通后，都没弄清对方是谁，说了半天才发现打错了。

第二：要确保对方挂上电话后，再跟其他人分享电话内容。有些人电话讲完了，说了再见，还没把电话挂好，就开始批评刚才打电话的人。

第三：如果打电话通知别人参加活动时，一定要提前准备好电话沟通的重点内容，准备好笔、纸，做好记录，并跟对方做好确认，如是否能参加、是否会开车、是否需要用餐等一系列问题，不要只是顺口溜似的通知。

在今天，微信和电话都是沟通的很好选择，但如果是正式的沟通，建议还是打电话更为妥当。电话用于和领导、长辈时，会显得正式。

"喂，您好！"

"谢谢，再见！"

第八节 交谈礼仪——搞清楚自己在交谈中的角色

你知道世界上最短的婚姻是多长时间吗？

只有三分钟。

看到这样一则新闻：科威特一对新婚夫妇，结婚仅三分钟后就决定分道扬镳，创造了有史以来结婚时间最短的纪录。这对夫妇刚刚在一名法官面前签署了结婚协议，正要走出法院时，新娘不小心绊倒了。新郎非但没有扶她起来，反而嘲笑妻子，称她"太蠢了"。新娘无法忍受，转过身来，要求法官当场解除他们的婚姻。而这距离他们签署结婚协议才刚刚过去三分钟。

口不对心也好，随意玩笑也罢，显然，这位新郎的交谈方式出了问题，没有搞清楚自己的角色，进而祸从口出。

一个人的行为往往是由习惯决定的，习惯的好与坏不仅决定着一件事的成败，也会影响一个人的前途。

良好的交谈习惯既能表达我们的想法，也能让别人感到舒适。比如：面带微笑打招呼、用尊称去称呼他人、别人讲话时认真倾听。同时，交谈是一门艺术，而且是一门古老的艺术。"一人之辩重于九鼎之宝，三寸之舌强于百万之师"，在人类发展史上，交谈作为一种社会现象，是和人类劳动、生活、交际活动一起发展起来的。

交谈是指以语言方式来交流各自的思想状态，是表达思想及情感的重要工具，是人际交往的主要手段。

常见的交谈技巧，主要包含以下三点：

技巧1：言之有物

在交谈时，要明确地把话说出来，让对方听清楚听明白，将所要传递的信息准确地输送到对方的大脑里，正确反映客观事物，恰当地揭示客观事理，贴切地表达思想感情。

大多数交谈的双方都想通过交谈，获得知识、拓宽视野、增长见识、提高水平。因此，交谈要有观点、有内容、有内涵、有思想，而空洞无物、废话连篇的交谈是不会受人欢迎的。

技巧2：言之有序

交谈时，先讲什么，后讲什么，思路要清晰，内容有条理，布局要合理。根据讲话的主题和中心设计讲话的次序，安排讲话的层次，即交谈要有逻辑性、科学性。有些人讲话，一段话没有中心，语言支离破碎，想到哪儿就说到哪儿，东一榔头西一棒槌，给人的感觉是杂乱无章，言不及义，不知所云。

技巧3：言之有礼

交谈时要格外注意讲究礼节礼貌，知礼会为你的交谈创造一个和谐、愉快的环境。讲话者，态度要谦逊，语气要友好，内容要适宜，语言要文明；听话者，要认真倾听，不要做其他事情。这样就会形成一个信任、亲切、友善的交谈气氛，为交谈获得成功奠定基础。

日常与人交谈和沟通时，应注意两个原则：

原则1：不评判对方的观点。

原则2：给予对方充分的尊重。

基于这两个交谈原则，还需要注意以下几点：

搞清楚自己在交谈中的角色。不要喧宾夺主，抢夺谈话主角的位置，也不要过度谦虚，降低自己在谈话中的位置，根据此次交谈的目的，做好自我定位。

保持一定的社交距离。正式场合的交谈需要保持一定的社交距离，对于自己不熟悉的人或者异性，交谈时距离不应低于两米。如果是熟悉的合作关系，可以保持一米或半米。交谈距离跟选择的交谈场地有关，根据远近亲疏，提前做好场地的选择，以避免交谈时距离过近或过远的尴尬。

运用好你的肢体语言。当别人跟你说话时我们的身体应稍微前倾，以表示在认真倾听对方讲话。此外，身体要正对着别人且目光也要注视别人，不可侧坐和斜视，眼睛不可随便在别人身上扫视，目光应放在对方眼睛和眉毛的区域。

交谈时尽量不使用否定性的词语。心理学家发现，在交流中不使用否定性或命令式的词语，换成委婉的表达效果更好。如："我不同意你的观点"这句话，我们可以换成"这个观点我们再推敲推敲"。如"你必须在三天内完成这项工作"，可以换成"依你的工作能力，我相信三天内你能完成这项工作。"所以，你看是不是寄予希望比否定和命令更有效呢？长期使用否定性的词语会让人产生一种命令或批评的感觉，虽然明确地表达了观点，但对方不太易于接受。所以，在日常交谈中，我们尽可能地使用肯定性的词语来表达。

开玩笑要有度。不要拿别人的隐私开玩笑，也不要拿别人伤心和尴尬的事情来开玩笑，更不要拿别人的缺陷来开玩笑。对于别人无意中开的玩笑，不要究其根本原因，笑一笑即可。如果自己有点幽默细胞，注意开玩笑的场合和尺度，如果自己不喜欢开玩笑，别人开玩笑时也要适当配合。

不要轻易打断别人。与人交谈时要认真聆听，切勿在交谈过程中打断别人的讲话。对于自己不感兴趣的话题可以主动接话，然后自然地去转换话题，但不要贸然打断。

不要轻易去纠正别人的错误。在多人交谈中主动去纠正对方的错误很容易让对方下不来台。对于明确的知识性错误，可以在私下进行提醒和纠正，对于口误和无关紧要的常识性错误，尽量不要去刻意纠正。

尽量避免使用别人听不懂的专业术语。俗话说"术业有专攻"，在非专业场合的交谈中要特别注意：尽量避免使用自己行业的专业术语。一则别人可能听不懂，二则避免卖弄学识，让别人不舒服。如果在交谈中，别人问到与自己专业相关的内容，应该用通俗易懂的语言解释给别人听，不要故作高深、故弄玄虚。

提前离开要打招呼。在交谈中如果有事情需要提前离开，记得跟大家打好招呼后再走，无故离开是非常不礼貌的行为，会让别人产生莫名其妙的不适感。另外，有时交谈之后会安排就餐，如提前离开也要跟主人特别说明一下，以免造成食物浪费。

交谈礼仪决定了我们日常的交谈习惯，进而形成我们自己的沟通方式。

交谈时，适度放低音量，你的声音也会更有磁性；

交谈时，适度放慢语速，你的观点别人也能听进去；

交谈时，中间适度停顿，你的语气也会显得权威。

列夫·托尔斯泰曾说过："与人交谈一次，往往比多年闭门劳作更能启发心智。思想必定是在与人交往中产生，而在孤独中进行加工和表达。"

交谈，有时候是敢于表达，有时候是善于倾听，有时候是四目相对，有时也是孤独一人。

跟男人交谈，注重逻辑，少论感情。跟女人交谈，注重感受，少讲道理。跟孩子交谈，注重鼓励，少点说教。跟老人交谈，注重尊重，少些对错。

交谈礼仪，请搞清楚自己在交谈中的角色。

第九节 办公室礼仪——遇到访客时要打招呼示意

上周一个朋友来公司看我,因为是临时路过没有提前预约,刚好我又在外面,于是我就让她先去办公室等我。朋友第一次来对环境不熟,她找电梯口的一个男生问路,结果这个男生只顾着低头玩手机也没说话,就随手一指,也没有指清楚,当时我朋友说她尴尬极了,后来,她又问了其他人之后才找到我的办公室。

等我回来后,发现朋友正透过百叶窗往外看,我就问她看什么呢?

她说:"这原来是你们公司的人啊,我问路也不说话,随手一指冷漠得很……"

我听完一阵羞愧,因为那个电梯口离我们公司不到二十米,只是公司在电梯的背面不好找,所以,经常有人在电梯口问路。因为我们是销售公司,平时访客比较多,我记得上周开会我还专门提到过这个问题,让大家碰到访客时要有礼貌并友好指路,必要时要引导访客进到公司。

办公室礼仪不仅存在于公司内部,也可能存在于电梯口、写字楼大厅以及卫生间。每一个人对于公司而言,都是一张名片,也是别人认识公司最直接的窗口。办公室的礼仪不仅是对同事的尊重和对公司文化的认同,更重要的是一个人为人处世、礼貌待人最直接的表现。经济学家亚当·斯密在《国富论》中首次提出了劳动分工的观点,他强调"分工带来效率",办公室也是如此,人与人、部门与部门之间是分工协作的关系。在这种分工与协作过程中,时刻都需要办公室礼仪。

掌握好办公室礼仪,身处职场你会得心应手。

礼仪1:着装要得体

不要穿太过休闲、太过短小、太紧的衣服,有些公司关于办公着装也有自己的规定,譬如周一至周四穿职业装,周五可穿休闲装,再譬如统一发工作服装等。如果公司没有规定,那还是穿职业装比较妥当。

女士着装要特别注意裙子的长度，裙子要及膝，不宜太短。此外，不要穿黑色皮裙，因为在国际礼仪中，黑色皮裙是属于特殊职业的服饰，不可出现在办公室和其他正式场合。

男士着装以长袖衬衫为主，如果穿短袖衬衫则不可搭配领带，除非特殊职业，例如交警。男士皮鞋和袜子的颜色尽量接近，不可黑皮鞋搭配白袜子。

礼仪2：女性的鞋跟不宜太高、太细和太响

女性在办公室和其他正式场合，尽量不要穿鞋跟超过10厘米和其他太细的高跟鞋，否则容易走路时重心不稳引起晃动，既不美观也可能会影响工作。当然，年会及活动时搭配礼服是可以的。此外，有些高跟鞋的鞋跟在走路时会发出很大的响声，容易影响其他同事的工作，可以钉上鞋掌消除声响。

礼仪3：遇到访客时要打招呼示意

在办公室经常会遇到来访公司的客户及访客，当来访者出现时应由专人接待，其他工作人员无论认不认识，都要打招呼微笑示意，不可视而不见，这也代表公司的形象和素养。

礼仪4：少接私人电话

上班时间最好不要接打私人电话，有事情尽量通过发信息来沟通。如果家里有紧急的事情需要电话沟通，要到室外或不影响他人的区域，注意控制通话时间，一般不要超过5分钟。

礼仪5：无事少串门

上班期间如果没有工作上的事情需要沟通，尽量少串门去别人的办公室，如果有事沟通，也要注意控制时间，不宜在别人办公室太久，领导主动找你谈话除外。

礼仪6：打断会议不要敲门

打断会议不要敲门，进入会议室将写好的字条交给有关人员，保持会议正常进行。

礼仪7：进他人办公室必须敲门

进他人的办公室一定要先敲门，无论门是开着还是关着。敲门时一般用食指有节奏地敲两三下即可。敲门的声音不要太大，对方能听见即可。

礼仪8：办公室不是诉说心事的地方

心理学家调查研究后发现，事实上只有1%的人能够严守秘密。所以，不要把办公室当做诉说心事的地方。

有一些人总喜欢和别人倾吐苦水，或者聊同事之间的八卦，虽然这样的交谈能够很快拉近人与人之间的距离，但是，当你的生活出现个人危机，如失恋、婚变等，最好还是不要在办公室里随便找人倾诉；当你的工作出现危机，如工作上不顺利，对老板、同事有意见有看法，更不应该在办公室里向人袒露心声。

最后，同事之间相互尊重，多说谢谢少抱怨。

办公室礼仪，要学会把情绪调成静音模式。

第十节 拜访礼仪——拜访一定要事先预约

拜访的意思一指短时间看望，二指敬词，看望并谈话。

日常工作生活中，朋友之间、个人与企业之间、单位与单位之间都少不了拜访，常见的拜访分为：事务性拜访、礼节性拜访和私人拜访。如果贸然上门肯定是不合适的，所以，我们需要掌握几条日常的拜访礼仪。

礼仪1：提前预约

拜访要事先预约，不做不速之客。日常拜访至少提前1-3天进行预约，商务及公务拜访至少提前一周进行预约，拜访的前一天再提醒对方，以免对方忘记。具体时间应与对方先打电话或发信息确定好，并把拜访的意图告诉对方，给对方一个明确的拜访理由。

礼仪2：明确目的

明确拜访目的，做到心中有数。拜访前要提前告知对方拜访的目的，彼此做到心中有数。比如：你需要对方为你解决什么问题？对方评估后是否愿意接受？是否需要携带相关资料？如果需要就提前准备，以备不时之需。

礼仪3：控制时间

拜访时要如期而至，控制好拜访时间。按照约定好的拜访时间，一般提前10分钟到达即可，不可太早或太晚。任何拜访都要合理控制拜访时间，临时性拜访应控制在15分钟左右。一般关系的拜访和事务性拜访应控制在半小时左右，最好不要超过1小时。私人拜访及好友拜访最好不要超过2小时。

假如没有特殊原因，通常不宜以节假日、午间、夜间作为拜访的时间。

礼仪4：准备礼物

商务拜访时，需提前准备礼物，不要两手空空。无论是初次拜访还是再次拜访，一份精美的小礼物都是不能少的，这也是最基本的拜访礼仪。至于礼物如何选择，还需要"投其所好"，并不是越贵越好，这就需要提前下点功夫。譬如：可以围绕对方的兴趣、需求和日常习惯等，有针对性地去选择。

但是，针对公务拜访，带礼物则是大忌，根据拜访的目的，携带相关资料即可。

礼仪5：着装合体

根据拜访对象的不同，选择合适的拜访服饰。不得体或邋遢的外表，是对被拜访者的轻视。拜访者应重视个人形象，体现适度的修饰痕迹，一般情况下，着装以职业装为主，男士应打理一下自己的面部、头发及胡须，女士可画个淡妆，哪怕仅仅是涂点口红，也能体现出对他人的尊重。

礼仪6：客随主便

做客时彬彬有礼，不可太过随便。无论是哪种拜访，一定要坚持"客随主便"的原则。

如果是去别人家里拜访，做客前应清洗干净自己的脚，换上干净整洁的袜子，进门时应询问主人是否需要换鞋或者向主人要鞋套。

做客期间未经主人允许，不可随便在主人的公司或者家里乱走，也不可随意进入其他房间，如卧室。

对主人的茶水表示接受并感谢。主人为你倒茶水时，双手接过并表示感谢，即使不渴，也尽量礼貌性端起杯子感谢主人。

礼仪7：道别礼仪

不论什么形式的拜访，都需要有始有终。临走时要和主人及其家人朋友等一一道别，临走时不要只和主人道别，应向在场所有人进行道别，如果参加宴会等社交聚会，临走时遇到熟悉的人不要视而不见，也应打招呼道别。

在拜访时，除了以上几点之外，我们的言谈举止也要特别注意，这是能否达到拜访目的的关键所在。此外，还要学会倾听，对于他人的"弦外之音"更要心领神会。

拜访礼仪，是相交的诚意，是豁达的胸襟，是谦逊的学习。请珍惜每一次拜访的机会！

第十一节 待客仪礼——待客要有所准备

待客于"心"，方可交"心"。关于待客，不论是商务接待、豪华晚宴，还是粗茶淡饭、简单下午茶，诚意最重要。有所准备才能让客人感受到我们的用心和热情，更能让其看到我们的态度和诚意。

礼仪1：客人到来前要提前准备和迎接

客人到来之前，需提前准备好接待客人的场所，并进行布置。

如果客人第一次到访，最好安排人在门口迎接或亲自迎接。如果是外地来的远客，主人应安排专人前往车站迎接或者自己亲自去接站。不论哪种迎接方式，最好提前十分钟到达，以防客人提前到达却无人接待的尴尬。

礼仪2：指引客人按秩序入座并为客人之间做好相互介绍

在接待中，当客人到达后经常会听到"随便坐"，这显然是不合适的。不论是哪种接待，主人都应该把客人主动邀请到座位上。如果是多位客人，应将年长的、辈分高的、职位高的人安排到上座的位置，遵循"面门为上，以右为尊"的座次礼仪。如果不是正式宴请，则按照先后到达顺序依次就座即可。

如果同时招待几位客人，主人需要对几位客人相互做好介绍。如果几位客人同时到来，等就座后按照客人的职位身份来介绍，如果职位身份都差不多，则按照顺序依次介绍即可。如果有后到的客人，应该将他们介绍给先来的客人。

礼仪3：待客中的茶水必不可少

客人到来时，要准备好茶水。如果是女性下午茶聚会，也可以选择咖啡或者花果茶等，总之，待客时的茶水必不可少。

如果客人时间较紧，可以选择不用耗时过长的茶水招待客人。正式场合，尽量不要用一次性纸杯，会显得不够正式和重视，如果非要用，应该选择质地比较好的纸杯。

此外，待客中的茶水礼仪也要格外注意，在泡茶时尤其注意不要用手抓取茶叶，在饮茶的过程中注意观察及时添茶换茶等。关于茶水礼仪和下午茶礼仪在后面章节中有详细介绍。

礼仪4：宴请点菜时要询问客人是否有禁忌

点菜是个技术活，不提前询问客人有什么禁忌，这样的宴请有时候会大打折扣。关于宴请和点菜在后面的章节中有详细介绍，这里简单概述一下。

首先，宴请场地根据宴请目的和客人的身份来选择，如酒店的餐厅、特色餐厅等，如果私人关系好，家宴则是最高规格的宴请，也最具私密性。

其次，不论任何形式的宴请，都需要在宴请前询问客人有什么饮食上的禁忌，不要张口就问"你喜欢吃什么？"而是要询问"你不能吃什么？"

最后，要特别照顾第一次远道而来的客人，同时，也要顾及到每一位宴请的客人，不能冷落个别客人。

礼仪5：送客要送到门外，客人返回后要及时问候一次完整的待客宴请，并不是吃完饭就结束了，而是以送走客人为结束点。送客最低标准要送至门外、楼下，也可送上车，等客人车子离开后自己再离开。如果是外地的客人，应将客人送上车或者送至车站。对于贵客，不仅要送到目的地，还要提前准备好礼物。对于重要的客人，走后要及时进行问候，关注客人的返回路线，确认客人是否安全到家。

　　记得奶奶以前总是把最好的东西拿出来招待客人，等客人吃完了她才吃。这也是很多老一辈中国人的待客之道：把最好的东西拿出来招待客人。《礼记》云："主人敬客，则先拜客"就是这个意思，诚是前提，无论哪类客人，都应该以诚相待。

　　《礼记》中对待客之礼有详细的规定，如迎客时要求："凡与客入者，每门让于客。客至于寝门，则主人请入为席，然后出迎客。客固辞，主人肃客而入。"

　　什么意思呢？

　　古人待客时，如果宾客地位高于主人，主人应出大门迎接；宾客地位低于主人，主人则在大门内迎接。无论哪一种情况，进门时，主人都应请宾客先入，恭敬之后，主人引导宾客进入。客人来至主人内室门口，主人要请客人稍等，而自己先进去铺好席位，然后再出来迎接客人，主人请客先入，客人要推辞两次，主人这才引导客人入室。

　　待客之道，热情是必须的，诚意是肯定的。

第十二节　茶水礼仪——大道至简，重在"和"

　　陈香白先生认为：中国茶道包含茶艺、茶德、茶礼、茶理、茶情、茶学说、茶道引导七种义理，中国茶道精神的核心是"和"。

　　吴觉农先生认为：茶道是"把茶视为珍贵、高尚的饮料，饮茶是一种精神上的享受，是一种艺术，或是一种修身养性的手段。"

周作人先生则说得比较随意，他对茶道的理解为："茶道的意思，用平凡的话来说，可以称作为忙里偷闲，苦中作乐，在不完全现实中享受一点美与和谐，在刹那间体会永久。"

古人饮茶讲究六境：择茶、选水、佳人、配具、环境和饮者的修养，其核心都在把握一个品字，十分强调饮茶者的意境，故饮茶时也有"三得"之说：得趣、得神、得味。

随着茶文化的熏陶，人们习惯以茶待客，并形成了相应的饮茶礼仪。比如，请客人喝茶，要将茶杯放在托盘上端出，并用双手奉上。茶杯应放在客人右手的前方。在边谈边饮时，要及时给客人添水。客人则需善"品"，小口啜饮，满口生香，而不是作牛饮。

这些年，越来越多的人喜欢喝茶，有人喜欢探寻茶文化的玄妙深奥，也有人把泡茶当成一种简单的生活方式，所谓境由心生，茶是很好的媒介。

一盏茶的时间，不仅能待客，还能相交。在日常待客中，茶水礼仪属于重中之重。需注意以下几点：

第一，不可用手抓取茶叶，要用专门的茶勺去取用。

可询问客人喝茶的喜好，根据需求来取茶叶的用量，不可过多或过少。如果在取茶过程中，有掉落在杯盏外面的茶叶，不可捡回来再用。

第二，洗茶具时要当着客人的面，至少应该用开水认真地冲洗一遍以上。

如果茶壶里是上一个客人喝过的茶，应该及时倒掉，同时，当着新客的面将茶壶和茶杯等清洗干净。不可用旧茶剩茶去招待新客，也不可当着客人的面说"这茶才泡了一遍，倒掉真可惜"之类的话。

第三，给客人倒茶时，茶水至七八分满，双手或右手递给客人即可。

不可将茶水倒得太满，一方面，茶水倒太满容易烫到客人，另一方面，茶水太满递给客人时，自己的手容易浸泡在茶水里，也是非常不卫生的。此外，中国有"茶满欺人"一说，也容易引起客人的误会。

第四，上茶的顺序也要重视，应按照客人的身份地位和职位高低来上茶。

如果不知道客人的身份地位和职位时，可按照顺时针方向上茶。如果有外单位来的访客，应该给外单位的来访人员先上茶，随后再给自己公司的领导上茶。当客人杯中的茶水剩三分之一左右时，要及时添加茶水，当茶水变淡时，应及时更换茶叶，换上新茶重新泡茶。

第五，如果不用茶水招待客人，正式场合，也尽量不要用一次性的纸杯，会显得不够正式和重视，如果非要用，应该选择质地比较好的纸杯，最好能加上杯托。

除了以上五点之外，还要在生活中不断学习茶文化的内在精神，从茶礼到茶道，细细品味百态人生。

茶礼是一种以茶为媒的生活礼仪，也被认为是修身养性的一种方式，它通过沏茶、赏茶、闻茶、饮茶等步骤，可以增进友谊，养心修德，学习礼法，是很有益的一种和美仪式。喝茶能静心、静神，有助于陶冶情操、去除杂念，这与提倡"清静"的东方哲学思想很合拍，也符合佛道儒的"内省修行"思想。

茶道最早起源于中国，中国人至少在唐朝或唐朝以前，就在世界上首先将茶饮作为一种修身养性之道，唐朝《封氏闻见记》中就有这样的记载："茶道大行，王公朝士无不饮者"，这是现存文献中对茶道的最早记载。

泡茶本是一件简单的事情，简单得只要两个动作就可以了：放茶叶、倒水。今天有人愿意花时间去探寻茶道本没什么错，但也请尊重俗世之人的化繁为简，尤其在待客时，我们也不用刻意把日常简单的小事搞得复杂。

大道至简，和而不同。茶水礼仪，重在"和"。

第十三节 面试礼仪——面试中要适当进行提问

关于面试，应聘者不能只是被动回答问题，有时还要主动提问。

一场面试到了最后环节，面试官往往会问应聘者还有什么问题要问吗？这个时候很多应聘者都会说没有问题了，其实这个时候没有问题，有时往往就是最大的问题。选择适度提问，是一种态度，表示你想要了解和关心公司业务和未来工作。

如何提问呢？了解面试官的背景，然后按照角色提问。如果面试官是上级，就问目标和规划；如果面试官是HR，就问价值观和制度；如果面试官是同部门的老员工，就问挑战和困难。总之，通过评估面试官的工作角色，问对方关心的问题才能有效吸引他的注意。

同时，提问不仅能看出一个人对问题的理解程度，从一定程度上也体现出一个人的认知程度。所以，在面试前，需要做好自我评估，这样才能明确自己的面试方向，而不是乱投简历。

要从容地应对面试，需要有一定的自我认知，主要包含以下三方面：

第一，列出几件自己认为可以称得上成功的事情，并逐一分析这些成就，列出你最主要的几项工作技能。例如：写代码、设计画图、做商业计划书、文字功底等。

第二，同一件事情，不同的人有截然不同的处理方式，这取决于每个人不同的个性。为弄清自己的个性，可以通过分析成就，用一些形容词来归纳自己的性格。例如：优柔寡断、杀伐果断、温和、强势、忍耐、叛逆等。

第三，确定与你的个性、兴趣相符的工作环境。工作环境不仅指具体的环境，更重要的是工作单位的文化背景。例如：高大上的写字楼、温馨的工作室、三五人的创业公司、格子间等。

面试是一场双向选择，只有先评估好自己，才有能力去评估其他。

面试官评估一个人的工作能力与综合素质，通过面试可以初步判断应聘者是否可以融入团队。在特定场景下，以面试官对应聘者的交谈与观察为主要手段，由表及里测评应聘者的知识、能力、经验和综合素质等。

一场合格的面试往往从面试礼仪开始，需要面试双方做好充分的准备。面试礼仪一般分为面试前、面试中、面试后，并不是只有在面试中才有面试礼仪，开始和结束同样重要。

面试前：确认时间地点，确认并准备好携带资料，准备好面试服装。

面试前，公司一般会通过邮件或电话等方式进行通知，一定要做好时间地点的确认，并且做好携带资料的确认，除了面试的简历外，有些公司可能会要求携带学历学位证书、资质证书，以及过往的案例资料等。简历内容简明扼要，能清晰说明职前工作即可，不要过于冗长，简历上的照片用一寸或二寸免冠照，或者用职业形象照等，不要用艺术照或写真集照片。

同时，根据公司的风格和自己所应聘的岗位，提前准备好职业装。款式简单大方，男士以西装为主，女士以套裙或者职业套装为主，颜色以黑、白、灰、蓝为主，不可穿过于短小、紧身、透视的服饰。

面试中：耐心听清问题，适当提问，谈薪水不可操之过急。

参加面试时，进门提前敲门并打招呼，即使门开着，也要敲门示意，不可直接进入。认真听清楚面试官的问题再回答，如果对面试官的问题有不清楚的地方，等面试官问完后可对问题再次询问并确认是不是自己理解的意思，然后再实事求是地回答问题，不要不懂装懂，也不要因为紧张而导致语速过快。在面试中，当面试官给你提问的机会时再提问，不可强行插入自己的问题。提问时，要避免特别敏感和尖锐的问题，不要漫谈国际形势和政治，要提出一些跟工作本身和公司发展相关的行业问题。

谈薪水适合在面试的中后期，不要一上去直接询问薪水，太过着急，会显得急功近利，会降低面试的印象好感度。当然，薪水问题是必须要谈的，如果在面试期间面试官没有主动提及的话，可在面试后进行询问。

在面试中，还要特别注重一点：切勿批评和诋毁前单位。

面试后：面试有始有终，结束后不要进行过多停留寒暄。

有些面试者在开头和结束的态度判若两人，这是非常不好的表现，即使面试过程并不理想，但也要有始有终，这样有可能会获取更多的可能性和机会。

面试结束后，不要得意忘形或神情沮丧，很可能会被其他领导及员工看到留下不好的印象，此外，也不要过多去询问面试官，跟面试官寒暄和套近乎等，简单打招呼后尽快离开，不要过多停留。

总之，面试就好比是一场考试，在测试每个人的能力，也在测试每个人的心理素质和临场发挥。保持良好的状态最为重要。面试官可能会先评价一个求职者的衣着、外表、仪态及行为举止；也可能会对求职者的专业知识、口才、谈话技巧做整体性的考核；还可能会从面谈中了解求职者的性格及人际关系，并从谈话过程中了解求职者的情绪状况、人格成熟度、工作理想、抱负及上进心。

面试礼仪，除了真诚作答，也要适当提问。

第十四节 离职礼仪——如何开始和如何结束同等重要

面试和离职作为工作开始和结束的两种表现，不可只关注面试而忽略离职，在职场中，离职也是另一种面试的开始，很多公司都会打电话到上一家公司去进行信息核实，再确定是否对面试者进行录取，所以，离职礼仪和面试礼仪同等重要。

大多数人总是在入职时在意自己的表现，想方设法给公司和同事留下好的印象，反倒很多人忽视了离职礼仪。或许你的离职是因为委屈受够了、钱没有给够，也或许你有了自己新的方向，想找寻更好的成长平台，不论哪种原因，关于职场，聚不是开始，散也不是结束，离职也属于我们工作的一部分，所以需要了解并掌握离职礼仪，以便在今后的职场里游刃有余。

关于离职礼仪，主要把握好以下五点：

第一，提离职不宜太仓促，留出充足的交接时间。

一般建议提前一个月向公司提出离职申请，要给公司预留出交接时间。

提前列好工作清单，棘手问题和项目进度要和接手同事沟通说明，和每一位客户打好招呼，准备好详尽的交接明细。这些看似简单琐碎的事，却能在上司和同事眼里留下一个好的印象，也为你离开公司后减少了很多不必要的烦扰和遗留问题。离职时，给接手同事尊重，也是予自己方便。

有一位网友在离职时没有预留足够的交接时间，只是匆促地写了一个交接清单，很多复杂的工作和需要说明的问题，都简单地一笔带过，给原公司的后继工作造成了不小的麻烦。后来他应聘去了新的公司，但在新公司背调环节，了解到他有这样一个情况，导致他试用期未通过，这让他很后悔当初离职时的疏忽。

预留足够的交接时间，反映出一个人对待工作的态度。

第二，跟直属领导去提辞职，把握正确的辞职对象。

辞职一定要和直属领导提出，既不要越级，更不要跨部门，并且先和领导口头沟通，然后再提交相关的辞职书面文件。

很多人可能和领导关系不好，直接和 HR 知会一声或者跨级别提辞职，没什么问题，但你也要想到，HR 和跨级别领导知道你要辞职后，第一时间也要问询你的直属领导。直属领导从别人口中知道自己下属要辞职，会觉得被冒犯了，没有得到下属该有的尊重。

把握好辞职的对象，掌控好分寸，严格遵循正常工作时的汇报通道和程序，体现出自己的职场素养和职业品质，给直属领导尊重，也能让后续离职进程更加顺利。

第三，提具体性建议，不渲染负面情绪。

很多公司会在员工离职时问：对于公司有什么好的建议？

有的离职人员会想反正自己这下与公司没关系了，以前在工作期间受的委屈、压抑、不公平待遇等都一顿倾吐，把对某个同事的抱怨和某位主管的私下行径一一盘点，只说个人感受，毫无半点可行性建议，这样只会在领导面前留下个心胸狭窄的最后印象。

当领导在离职时有意识地问你建议时，切忌情绪流露，与其把对某些特定同事的看法直接摊牌，倒不如说一些真正对领导来说有建设性意义的想法。可以提一些具体性的建议，比如说部门工作内容缺乏流动性，建议定期轮岗；外部培训少，可以多组织部门成员外出学习；部门和部门间应多联谊，增进沟通等。在领导眼里，之所以这样问了，也是想听听你的看法，这些建议尽量是能给到他实际参考价值的，而非一些抱怨倾泻的负面情绪渲染。

第四，认真站好最后一班岗，注意你的最后"印象"。

离职时不要太过着急、不要匆匆敷衍，认真站好最后一班岗，做好最后的工作，是对自己这一段工作的完美善后。

去年年会上，我公司曾褒奖过一位已经离职的前同事，并且给予这位前员工非常高的赞赏和评价。后来，当他在行业中遇到困难时，公司领导还帮他介绍了人脉关系，并且做了高层的引荐。正是他离职之前，对待工作一如既往认真专注，才给公司领导留下了很深刻的印象。

站好最后一班岗，是你对这段职业生涯画下的闪亮结尾，你可能没办法陪同这家公司走到最后，但不可否认，你的职业素质，早已在最后一份工作、最后一次汇报、最后一次跟同事沟通配合中留了下来，成为了这个公司关于你的最后"印象"。

第五，圈子不大，给自己留好后路。

职场作为大部分人的主要社交来源，离职并不意味着斩断人脉关系。

现在的职场，就是一个大网络，在这里的人，说不定未来某一天就会在别处遇到。特别是同城同行业的小圈子，这种再次相遇的概率很大，所以千万别忽视你的前任领导和同事。很多职场人离职，觉得前同事前领导，与自己毫无瓜葛了，离职后，在别人面前极尽诋毁，殊不知，这是在给自己挖坑。

不给自己未来使绊，就请维持好和前公司的情感圈子。

相比入职时千方百计提醒自己要注重各种规矩礼貌，离职时很多方面便显得随便了些，离职礼仪和入职规矩同样值得每一个职场人重视。只有懂得离职礼仪，做好离职相关的细节工作，才能最终完成一段美好职业生涯的妥善收尾。

记忆有好有坏，给他人留下一个好的记忆，入职如此，离职亦如此。

在职场上，如何开始和如何结束同等重要。

第十五节 会务礼仪——这是一场有准备的团队协作

很多人第一次真正意义上的团队协作是从一场大型会议或活动开始的，而且这是一场有准备的团队协作。

在日常工作中，我们所在的单位经常要举办会议和活动，如日常会议、论坛、讲座及年会等。所谓会务，指的是从事会务性工作，负责从会议的筹备直至结束、善后的一系列工作。会务礼仪主要就是在举办会议活动中的礼仪规范。

会务礼仪一般分为会议前、会议中、会议后三个阶段。

一、会议前

在整个会务工作中，会议之前的组织工作最为重要。包括以下四个方面。

1. 会议的筹备。不论举行任何形式的会议，都需要先确定好会议主题。负责筹备会议的工作人员需要围绕会议主题进行计划、组织和落实。首先落实的基本信息有：会议的规模、时间、流程等关键信息点，在确认了关键点后，通常要成立专门的会务小组，明确分工，责任到人。

2. 通知的拟发。按常规，举行正式会议均应提前向与会者下发会议通知。具体是由会议的主办方发给所有与会单位或者全体与会者的书面文件，同时，还包括向有关单位或嘉宾发的邀请函等。会务组工作人员还需做好以下三方面的工作。

（1）拟好通知。会议通知一般包括会议标题、主题、会期、出席对象、报到时间、报到地点以及参会要求等七项组成。拟写通知时，应保证其完整规范，不可遗漏信息。

（2）及时送达。下发会议通知，应在规定的时间内设法保证其及时送达，不得耽误。

（3）做好确认。会议通知送达后，应及时做好确认，并且要按时跟进。

3. 文件的起草。会议上所用的所有文件材料一般应在会前准备妥当。常规文件主要包括：会议流程、开幕词、闭幕词、主题报告、大会决议、学习材料、背景介绍等。有的文件应在参会者报到时一并下发。

4. 常规性准备。一场完整的会议除了流程内容外，还需要良好的软硬件设施及大量的沟通工作，需要对会议细节问题进行一一核对。

做好会场的布置：根据会议主题和规模，选择合适的会议举办场地，对会场的桌椅做好安排，提前调试会议所需要的各种音响、照明、投影、摄像、摄影、录音、空调、通风设备和多媒体设备等，对接好场地相关的服务人员。

与外界做好沟通：根据会议的规定，与外界及时做好沟通。比如提前向有关部门进行报备、和酒店的工作人员提前做好沟通等。

会议用品的采办：提前准备好需要采购的会议用品清单，如纸张、本册、笔具、文件夹、姓名卡、台卡以及饮品、茶叶等。

二、会议中

根据会议的分工，会议中工作人员各司其职，不可擅自离开自己的岗位。

1. 迎接礼仪。会议期间，一般应安排专人在会场内外负责迎送、引导、陪同。与会者不同，迎接方式也不同。对于特邀的领导嘉宾，主办方领导应亲自进行接待，并安排到休息室进行陪同；对于贵宾，往往还需重点照顾。对于大批参会者的迎接，可事先准备好指引标志，并且安排相关工作人员进行引导。

2. 会议签到。为掌握实际参会人数，严肃会议纪律，凡大型会议或者重要会议，通常要求参会者在入场时进行签名报到。常见的会议签到方式有三种：一是签名报到，二是凭邀请函或者入场券报到，三是刷卡报到。负责此项工作的人员，应及时向会议负责人进行通报，根据到场人数最后确定会议实际的开始时间，是否需要延长几分钟再开始等现场问题。

3. 餐饮安排。有些会议举行的时间比较长，一般会为参会者安排工作餐，与此同时，还会安排茶歇点心和饮品等。会议茶歇及会议餐饮建议均以自助式为主，可以顾及到多方面的口味，贵宾根据个人需求另行安排即可。

4. 现场记录。凡重要的会议，均应进行现场记录，具体方式包括会议纪要、录音、录像等。可使用某一种方式，也可交叉使用，总之，记录要完整、准确、清晰。

5.会议报道。部分重要会议和活动，往往要做会议报道，编写报道最好能在会议结束前完成，会后对内容进行完善和校对。因为会议报道讲求的是时效性，一般在会议结束的当天发出，最晚在第二天发出，要快、准、简。快指的是要把握时间、讲求时效；准是要求内容准确无误，做好校对；简则是要求报道的内容文字精练、简单明了。

三、会议后

一场会议能否完美善后是非常重要的，会后工作更要做得仔细，这样会议才算有始有终。会后工作主要包含以下三方面：

1.形成文件。这些文件包括会议决议、会议纪要等，一般要尽快形成，会议一结束就要实时下发或者公布。

2.处理材料。根据工作需要与有关保密制度，在会议结束后，应对与会议相关的一切图文、声像材料进行细致地收集和整理。该汇总的汇总，该存档的存档，该回收的回收，该销毁的销毁。

3.协助返程。大型会议结束后，主办单位应为外来的参会者提供返程的便利，如统一安排大巴车，统一送至机场、火车站等。贵宾需要根据要求，安排相应的专人去送，以表示感谢和敬意。

很多时候一场会议的顺利举办与团队直接挂钩，能否做好会务工作，不仅考验团队领导的组织能力，更考验团队之间的协作能力。标准化的会务礼仪，让我们的工作省时省力，也能让参会者收获满满。

所谓会议礼仪，就是你站在台下看风景，看风景的人在台上看你，别人装饰了你的工作，你装饰了别人的信任。

第十六节 点菜礼仪——点菜是个技术活

正式场合点菜,其实点的不是菜,而是情商。在中国,办事吃饭是常事,很多事情都可以在餐桌上谈,所以餐桌也是中国人特色的媒介。这就对点菜提出了要求,不仅需要注重细节,还要掌握点菜技巧,所以说点菜是一门技术活。

点菜作为职场必备的能力之一,应该做到以下几点:

第一,不要拒绝点菜,拒绝会让人觉得你是一个被动没主见的人。

选对地方。商务宴请时,广东菜、江浙菜系最佳且不出错,吃饭人多选包厢,人少就去私密性好的餐馆。

会点大菜。大菜不等于贵菜,而是能给人以震撼,鸡得是整只的,鱼得是整条的。一般是比较有特色的菜品,除了味道好之外,比其他菜的盘子大,从视觉上要有一定的冲击力。

如果吃饭时间比较紧迫,可以点套餐或者包桌,这样费用固定,菜肴的数量和档次相对固定,也省事。如果时间充足,根据个人预算,在用餐时现场点菜,这样不仅自由度较大,还可以兼顾大家的口味。

不论宴请谁,点菜最重要的一条就是要搞清楚客人的禁忌。不要张口就问客人"喜欢吃什么?"而是要确认客人"不能吃什么?"以此来确认客人的用餐禁忌。

中餐礼仪的点菜禁忌有如下三条:

1. 健康禁忌:出于健康的原因,部分人对于某些食品有所禁忌。比如,糖尿病人要少吃升糖食物,痛风病人要少吃海鲜,高血压患者要少饮酒。

2. 地区禁忌:不同地区,人们的饮食偏好有很大不同。比如,湖南人喜欢吃辛辣食物,北方人喜欢吃面食,英美国家的人通常不吃动物的内脏、头部和脚爪。

3. 职业禁忌:有些职业在餐饮方面往往也有特殊禁忌。例如司机吃饭时不能喝酒,也要避免吃含酒精的菜品,如醉蟹、酒酿类等。

除此之外，点菜时还要关注下对方的宗教习俗和信仰，例如，佛教徒禁忌荤腥，它不仅指的是肉食，还包括葱、蒜、韭菜、芥末等气味刺鼻的食物。还有一些信仰禁吃猪肉或牛肉，这点在招待少数民族或港澳台及海外华人同胞时尤要注意。

以上禁忌，在排菜单时一定要有所兼顾。另外，正式宴请时尽量少点生啃难咬的菜品，避免吃起来弄得手上和嘴上都是，以免尴尬。

规范的宴请具体应该点什么菜呢？

1. 有中餐特色的菜肴。宴请外宾的时候，这一条更要重视，像炸春卷、煮元宵、蒸饺子、红烧狮子头、宫保鸡丁等，或许对我们有的人来说并不是佳肴美味，但因为具有鲜明的中国特色，所以受到很多外国人的推崇。

2. 有本地特色的菜肴。每个地方都有自己的特色美食，比如西安的羊肉泡馍，湖南的臭豆腐，上海的红烧狮子头，北京的涮羊肉等，在宴请外地客人时，上几道本地特色菜往往会引起客人关注和好评。

3. 餐馆的特色菜。很多餐馆都有自己主打的特色菜，上一份餐馆的特色菜，也能说明主人的细心和对被请者的尊重。

4. 主人的拿手菜。举办家宴时，很多主人尽可能会当众露一手，多做几个自己的拿手菜，其实所谓的拿手菜不一定十全十美，但只要是主人亲自做的就足以让对方感受到你的尊重和友好。

此外，关于到底该点多少菜才算合适？一般来说，人均一菜是比较通用的，如果男士较多的话，可采用 N+1 模式，或者人均 1.5 个菜。根据具体情况适当加量，杜绝浪费。一桌菜最好有冷有热，有荤有素，尽量做到全面。如果男士较多，可多点荤菜，如果女士较多，可多点几道清淡的素菜。

一顿标准的中式大餐，上菜的顺序基本相同。首先是冷盘，其次是热炒，随后是主菜，然后上点心和汤，最后上果盘。再精细一点，如果上咸口的点心，讲究上对应的咸汤，如果上甜口的点心，则讲究上对应的甜汤。不管是不是吃大餐，了解中餐标准的上菜次序，不仅有助于在点菜时巧作搭配，而且还可以增长知识，避免不懂出洋相。

最后，关于菜品摆放的问题，经常被很多人忽略。根据传统礼俗和民间饮宴习俗，宴席上的整鸡、整鸭、整鱼摆放时须遵循"鸡不献头、鸭不献尾、鱼不献脊"风俗，即上菜时不要把鸡头、鸭尾、鱼脊朝向主宾。尤其是上整鱼时，应将鱼腹而不是鱼脊朝向主宾。因鱼腹刺少，腴嫩味美，朝向主宾，表示尊敬。而且比较高档的菜，有特殊风味的菜，或每上一道新菜，要先摆到主宾位置上。

点菜是个技术活，请记住先问别人"不能吃什么"。

第十七节 座次礼仪——到底是"以左为尊"还是"以右为尊"？

"左"和"右"到底哪个是尊位呢？

古人有"虚左以待"和"无出其右"的典故，从这两个成语来看，左右哪个为尊的确有点糊涂，座次礼仪中，大家也经常因为"左右"问题而犯迷糊，当然为了在社交中不出现笑话，我们还是有必要弄清楚的。

一、"左"和"右"到底谁才是尊贵的呢？

"虚左以待"和"无出其右"的典故是什么？

"虚左以待"是出自《史记·魏公子列传》："公子从车骑，虚左，自迎夷门侯生。"这个故事讲的是信陵君魏无忌听说魏国有一个隐士叫侯嬴，70岁了家里很穷，在魏都大梁的夷门也就是东门当看门人。于是，魏无忌在家中大摆筵席，亲自坐着马车去迎接侯嬴，为了表示对他的尊敬，把马车上自己左边的座位空了出来，所以在当时"左"是尊贵的。

"无出其右"是出自《史记·田叔列传》："上尽召见，与语，汉廷臣毋能出其右者。"这个故事讲的是刘邦有一次途经赵国，特意摆出了皇帝的威风，令赵国的臣子不满，于是瞒着赵王要杀刘邦，事情败露后臣子们自杀了不少，赵王和贯高因此被抓押送到了长安，刘邦不让任何人护送，而田叔等人化装成了家奴一路跟随。到了长安，刘邦亲自审讯贯高，才知道赵王并没有谋反，对于臣子还极力劝阻，于是将赵王降级释放。赵王谢恩并希望释放随他而来的大臣田叔，刘邦惊讶有如此忠诚的臣子，于是有了感慨，自己的西汉臣子没有能超过他们的。这里的"右"指最好的，可见此时"右"是尊贵的。

实际上"左"和"右"的含义并不是一成不变的，随着朝代的更替，它的含义也在不断变化着，毕竟在每个时期它们有着不同的意义。

一是看场合。夏、商、两周、春秋时期，周朝规定诸侯朝见天子的时候，谁在右边谁的地位高。《老子·经武》中说，士大夫在室内则左边为贵，用兵打仗则右边为贵。

二是看朝代。战国时期各诸侯国基本上已经约定俗成以"右"尊，从蔺相如"位在廉颇之右"就可以看出。秦汉时期也和战国时期是相同的意思，在《汉书》中记载：西汉孝文帝当国君的时候，陈平和周勃都是宰相，但是陈平以大局为重，提出将右丞相职位让于周勃，孝文帝采纳了他的提议，结果"周勃为右丞相，位第一；平徙为左丞相，位第二。"

然而，在乘坐马车的时候，这个方位的尊卑却正好相反，以"左"为尊，以"右"为卑。这就是为什么魏无忌要在马车上"虚左以待"，而在宴席上却把右边的位置留给侯嬴的原因了。

西汉是刘邦的天下，所以他才说出"无出其右"，这是以"右"为尊的原因，但是到了东汉以后就反过来了。魏、晋、南北朝、隋、唐、两宋的时候都是以"左"为尊的，《南齐书·百官志》记录"仆射分左仆射、右仆射，皆属尚书令统辖，无尚书令时，则以左仆射为台主。"《新唐书·百官志》中规定"尚书左丞为正四品上，而尚书右丞只能为从四品下。"

然而，到了元朝，又是以"右"为尊了，右丞相位在左丞相之上，明朝建立后，朱元璋把他当吴王时的以"右"为尊改为以"左"为尊，以后一直就这么使用了五百多年，清朝的时候也是如此。

如今，世界在不断地变化和发展中，已经慢慢形成了一些世界标准，中国是众多国家中的一员，我们是一个包容的民族，**为了顺应时代的发展，采用了通行的外交礼仪，按照世界统一的标准：规定客人的位置应在主人的右侧，则是以"右"为尊。**这是世界通行的标准，可以减少不必要的麻烦。

二、常见的座次礼仪有哪些？

座次礼仪在日常工作生活中应用非常广泛，从日常宴请、工作会议、商务活动，再到乘车、拍照、洽谈等，可以说我们每天都离不开座次礼仪。

座次礼仪的原则是"面门为上、以右为尊、居中为上、前排为上"，这是座次礼仪的核心，也是"以不变应万变"的秘诀。常见的座次礼仪可遵循以下九点：

1. 面门为上：以良好视野为上。采用"相对式"就座时，通常以面对房门的座位为上座，应让之于来宾；以背对房门的座位为下座，宜由主人自己在此就座。如商务会谈、日常会议。

2. 以右为尊：这是遵循国际惯例。"并列式"排位的标准做法，是宾主双方面对正门并排就座。此时，以右侧为上，请来宾就座；以左侧为下，归主人自己就座。如大型商务活动及国际会议，**而中国政府会议及公务场合，座位则讲究"以左为尊"。**

3. 居中为上：中央高于两侧。如果来宾较少，而东道主一方参与会见者较多之时，往往可以由东道主一方的人员以一定的方式围坐在来宾的两侧或者四周，而请来宾居于中央，呈现出"众星捧月"之态。如论坛讲座、合影。

4. 前排为上：适用于所有的场合。一般在会议或活动中，领导嘉宾都坐在第一排。

5. 以远为上：远离房门为上。道理十分简单，离房门近者易受打扰，离房门较远者则受到的打扰较少。如商务宴请、团队聚会。

6. 靠墙为上。私密性较高。靠墙的一侧私密性较强，不受打扰。此外，如果在过道内行走，靠内侧或靠墙的一侧安全性也较高，应让客人走在内侧。如会议接待、送行。

7. 观景为上。视野好为上。如临江、临山、临景等，把好的视野景观留给尊贵的人。如商务宴请、洽谈、住宿等。

8. 佳座为上。长沙发优于单人沙发，沙发优于椅子，椅子优于凳子，较高的座椅优于较低的座椅，宽大舒适的座椅优于狭小而不舒适的座椅。如下午茶、朋友聚会。

9. 自由为上。有时，未及主人让座，来宾便自行选择了座位，并且已经就座，此刻主人亦应顺其自然。如同学聚会、普通家宴。

以上九点都可作为座次礼仪的参考，根据不同的场景和环境灵活应用即可，可以同时使用，也可以相互交叉使用。如宴会座次、会议座次等，都是座次礼仪的交叉使用。

常见的座次场景如下：

场景一：宴会座次

宴会座次排序原则为：首先，以远为上，面门为上；其次，以右为尊，以中为上；最后，靠墙为上、观景为上。

宴会的座次分布为：面门居中的位置为主位，主左宾右、分两侧而坐，或者主宾双方交错而坐，越靠近主位，位次越高，同等距离，右高左低。这种座次分布就是遵循了面门为上、以右为尊、以中为上的座次礼仪。

常见的两种中餐宴会座次如下：

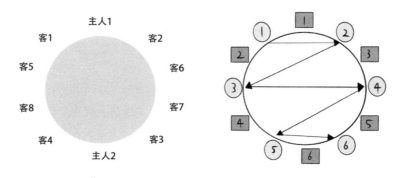

场景二：会议座次

会议座次礼仪也讲究中外有别。一般在商务场合和国际交往中，座位以右为尊。在国内政府会议及公务场合，座位则讲究"以左为尊"。

所以，根据会议的类型，会议座次排序原则为：首先是前排为上，其次是居中为上，最后是以右为尊（国际惯例）。但政府会议及公务会议，则会以左为尊（中国政府惯例）。

主席台座次说明：中国惯例，以左为尊，即：左为上，右为下。

以中国惯例为例，当领导同志人数为奇数时，1号领导居中，2号领导排在1号领导左边，3号领导排右边，其他依次排列。如7位领导同志，从台下（面对面）的角度看，排序为：7、5、3、1、2、4、6的顺序；从台上（面向同一方向）的角度看，排序为：6、4、2、1、3、5、7的顺序。以台下观众席视角为例，座次安排如下：

7 5 3 1 2 4 6
主 席 台

观 众 席

当领导同志人数为偶数时，有些人会搞错，网上的说法也有很多是不正确的。具体应该是：1号领导、2号领导同时居中，2号领导排在1号领导的左边，3号领导排右边，其他依次排列。从台下的角度看，排序为：7、5、3、1、2、4、6、8的顺序；从主席台上的角度看，排序为：8、6、4、2、1、3、5、7的顺序。关于偶数领导座次的问题，可以参照中央政治局常委人数为八人（十七大会议前）或十人时的座次照片，这是最权威的。以台下观众席视角为例，座次图片如下：

```
7 5 3 1 2 4 6 8
     主 席 台
```

观众席

场景三：行进位次

行进原则：多人并排行进，中央高于两侧，对于纵向来讲，前方高于后；两人并排行进，内侧高于外侧。

实际上内侧就是指靠墙走，我国道路行进规则是右行，所以在引领客人时，客人在右，陪同人员在左。换句话说，客人在里面你在外面，为什么要把客人让在靠墙的位置，安全性高、受到骚扰和影响少。

与客人的距离，别拉太远，也别离太近，标准化位置是：左前方1米到1.5米处，换句话说，一步之遥。

座次礼仪，从某种意义上说，具有体现人际关系状况、尊重交际对象、彰显自身文化涵养的重要作用，还蕴藏着浓厚的方位文化。

古人视东方为上、为主、为首。皇后和妃子们的住处分为东宫、西宫，东宫为大、为正，西宫为次、为从；供奉祖宗牌位的太庙，要建在皇宫的东侧。因为东为主位，所以东引申出主人之义，比如现代汉语中有股东、房东、东家、东道主、做东等说法。

在我国传统文化里，人们把南向视为至尊。这是由于我国位于北半球，阳光从南面照射过来。这种特定的地理环境造就了人们的方位观念，即从面南定位：前南后北左东右西。古人以南为阳、以北为阴，所以宫殿、官府、庙宇都面向正南。帝王的宝座面向南，天子、诸侯见群臣，或卿大夫见僚属，尊长见卑幼，皆南面而坐。臣民叩见皇帝要面向北方，即所谓"面北称臣"。

座次礼仪，纵观时代的变迁，承载着文明的智慧。

第十八节 乘车礼仪——领导应该坐在哪里？

有传说，车子是黄帝创造的，最初是靠人力来拉动，到了传说中的少昊时期，出现了牛车，到了大禹时代，出现了马车。

先秦时期，古人乘车就有明确的规范。《论语·乡党》写道："升车，必立正，执绥。车中，不内顾，不疾言，不亲指。""绥"是车上的绳子，供人上车拉手时用。意思是说：上车时，一定先直立站好，然后拉着扶手带上车。在车上，不回头，不高声说话，不用自己的手指指点点，这就是古人乘车的礼仪，叫作立乘。《礼记》中写道："妇人不立乘"，古人乘车时男人可站可立，女人则只能坐乘。

此外，古代的车子也有等级之分。一般来说天子的车架六马，诸侯四马，大夫三马，士二马，庶人一马。

从古代的马车到今天的汽车，乘车礼仪存在于每个时代。

今天的乘车礼仪通常是按照国际惯例，遵循以右为尊的原则，乘坐轿车的座次常规是：右高左低，后高前低。具体而言，轿车座次的尊卑自高而低是：后排右位—后排左位—前排右位—前排左位。

另外有几种特殊情况，如下图所示：

示例1：主人驾车时

以副驾驶座为首位，后排右侧次之，左侧再次之，而后排中间座为末席。

当主人或熟识的朋友亲自驾驶汽车时，你坐到后面位置等于向主人宣布你在打的，非常不礼貌。这种情况下，副驾位置为上座位。不管任何人开车（包括领导），如果只有你一个人乘坐这辆车，请务必坐副驾驶位置（打车则不强求）。这是对开车者的一种尊重，保持平等关系，方便交流。

示例2：司机驾车时

以后排右侧为首位，后排左侧次之，后排中间再次之，副驾驶座为末席。

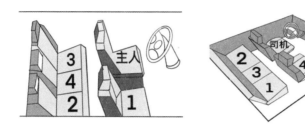

示例3：领导坐车时

当接送政务人员和领导、知名公众人物时，主要考虑乘坐者的安全性和隐私性，司机后方位置为汽车的上座位，通常也被称作VIP位置。

示例4：多排座位时，无论何人驾驶，均以前排为上，后排为下，右高左低。

如果多人坐车，同事们之间没有级别的区分，可以随便坐，但是如果涉及到级别的高低，还应遵从上面所提到的乘车座次礼仪。

示例5：乘坐越野车或吉普车时，不管由谁驾驶，均以前排为上，后排为下，右高左低。因为这类车子的底盘高，功率大，主要功能是越野，减震及悬挂太硬，坐在后排颠簸得厉害。

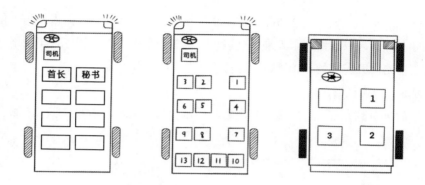

此外，关于上下车的礼仪也要特别注意。

上下车的基本礼仪原则是"方便领导，突出领导"。如果当时环境允许，应当请女士、长辈、上司或嘉宾首先上车，最后下车。

接送客人上车，要按先主宾后随员、先女宾后男宾的惯例，让客人先行。若是贵宾，则应一手拉开车门，一手遮挡门框上沿。一般是让领导和客人先上，自己后上。下车时，我们先下，领导和客人后下。

上车时，为领导和客人打开车门的同时，左手固定车门，右手护住车门的上沿（左侧下车相反），防止客人或领导碰到头部，确认领导和客人身体安全进车后轻轻关上车门。下车时，方法相同。如果很多人坐一辆车，那么谁最方便下车谁先下车。

坐车不仅仅是"坐上去"那么简单，坐在合适的位置，腿脚放对地方，在车内说该说的话，都是日常个人素养的体现。

伊丽莎白曾说过："礼节及文明是一封通向四方的推荐信"，乘车礼仪，是我们最容易做到的事情，也是最容易忽略的事情。

第十九节 合影礼仪——谁是 C 位，你站对了吗？

场合不同，站位也不同。合影中的 C 位，要搞清楚谁是主角？

总的来说，合影礼仪中最重要的是站对位置，合影站位则主要参考座次礼仪的原则。合影位次礼仪总的原则是：前排为尊、中间为尊。商务场合、涉外场合讲究"以右为尊"；政务场合讲究"以左为尊"。

一、合影讲究前排为尊，中间为尊

无论是商务场合、政务场合还是涉外场合，在合影时都遵循"前排为尊"、"中间为尊"的惯例。合影人数为奇数时，正中间则是最重要的位置，合影人数为偶数时，中间两位则为尊位，这也是最常见的合影礼仪站位。

二、同一排的位序排列

1. 同一排"以右为尊"的情况

在商务场合及涉外场合，合影时需"以右为尊"，即 1 号领导的右手边是 2 号领导。

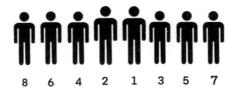

2. 同一排"以左为尊"的场合

在中国的政务礼仪中则讲究"以左为尊"，即 1 号领导的左手边是 2 号领导。"一号定乾坤，二三左右分"，这种排列方式在政府部门、国有企业、事业单位中的会议和合影场合都很常见。

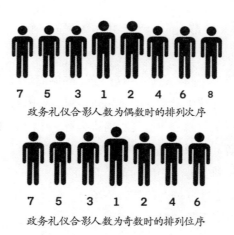

政务礼仪合影人数为偶数时的排列次序

政务礼仪合影人数为奇数时的排列位序

究竟谁来站尊位,要看当天合影的主题是什么,居中的位置也不一定是位置最高的那个人,但一定要是当天的主角!

第二十节 中餐礼仪——养成用公筷的习惯

朋友最近结婚,她的对象是通过相亲认识的。当提及他们相识的细节时,她说她一直有一个"火锅相亲法",大概意思是要看第一次相亲的两个人适不适合在一起,就带他去吃一次火锅,这样能快速判断出对方的性格和生活习惯,通过选座位可以看出对方是否愿意照顾你,通过点菜可以看出对方的沟通方式,通过吃相可以看出对方的性格,通过使用公筷可以看出对方的卫生意识等等。总之,通过所有的细节可以看出两个人的生活方式是否匹配,这对以后的生活很重要,能够坐在一起吃火锅的人,都是同一个世界的人,其实吃什么无所谓,身边坐着谁才是最重要的。

陈晓卿曾说:"人间至味,往往酝酿于人与人之间,最好'吃'的永远是人。"通过一顿饭的时间快速了解一个人,餐桌上的礼仪已成为这个时代的基础考核。

中国的宴饮礼仪始于周公，千百年的演进到今天已经有一套完整的中餐礼仪，是古代饮食礼仪的继承和发展。中餐礼仪根据宴席的性质、目的而不同，不同地区也是千差万别，但总体的礼仪规范则不可缺少。

中餐礼仪主要包含餐具使用礼仪、点菜礼仪、座次礼仪、用餐礼仪、敬酒礼仪等，不论是商务宴请、家宴、工作餐还是自助餐，中餐礼仪作为中国人餐桌上的修养，能最大程度地体现我们的文化素养，应该时刻注意。同时，中餐礼仪也有助于我们日常良好习惯的养成。

一、餐具使用礼仪

中餐的餐具主要有杯、盘、碗、碟、筷和汤匙六种组成。在正式的宴会上，水杯摆放在菜盘上方，酒杯放在右上方。筷子与汤匙可放在专用的座子上，或放在纸套中。

1. 筷子的使用礼仪

筷子作为中餐最主要的餐具，在正式宴请中一般分为私筷和公筷。

如何区分公筷与私筷？

因为我们长年没有形成分餐制和分公私筷的习惯，所以，当看到摆上两双筷子，一深一浅，一公一私，也不免心中有疑问：这筷子到底怎么区分公私呢？答案是：当餐桌上每人面前摆放两双筷子时，**通常摆在右侧的是公筷、摆在左侧的是私筷；而摆在右侧的是深颜色的筷子，摆在左侧的是浅颜色的筷子。分清公私筷，外为公，内为私，公筷夹菜，私筷进食，尽量给客人让菜不夹菜。**

公筷，仅仅是用来夹菜但不可以入口的筷子，可以夹菜给自己和他人，就是不能放入口里。私筷，用公筷把菜夹到自己碗里后再使用私筷进食。从宋代开始，中国渐渐养成了围桌吃饭的习惯，从分餐制走向了共餐制。共餐时，也有许多的传统规则，例如夹筷子要准，握汤勺要稳，吃鱼不能说"翻"，来了客人不能说"要饭"要说"添饭"，不能在盘子里乱翻菜，不能敲碗筷，不能手不扶碗。不得不说，这些传统一直影响着我们。然而，老祖宗流传下来的规则中，是没有"公筷"这个概念的。一家人围坐在桌子吃饭，你一勺我一筷子，边吃边聊，其乐融融的时候，总会觉得用"公筷"是多余的。有人会认为用公筷会伤感情，在外面吃饭，也会有人碍于情面不好意思用"公筷"，而有些餐饮的经营者，如客人不提，是不会提供公筷的。

使用公筷，最大的作用，是防止疾病的传播。比如一家三口中，有人有幽门螺杆菌，只要这人使用公筷，即可切断传染。同时，这种看似客气的做法才真正符合了现代礼仪规范与公共卫生准则的要求。在正式场合中，当你的旁边有两双筷子时，不论是给自己夹菜，还是给别人夹菜，都建议使用公筷。

此外，用筷子取菜、用餐的时候，要注意以下几点：

一是不论筷子上是否残留着食物，都不要去舔。用舔过的筷子去夹菜，是不卫生也不礼貌的。

二是和人交谈时，要暂时放下筷子，不能一边说话，一边晃动着筷子。

三是不要把筷子竖插在食物上面。因为这种插法，只在祭奠死者的时候才用。

四是在用餐过程中，如果不小心筷子掉在地上，请服务员帮忙换一双，不要用纸巾擦一下再用。

2. 勺子的使用礼仪

勺子主要作用是舀取菜肴、食物。有时，用筷子取食时，也可以用勺子来辅助。尽量不要单用勺子去取菜。用勺子取食物时，不要过满，免得溢出来弄脏餐桌或自己的衣服。在舀取食物后，可以在原处"暂停"片刻，汤汁不会再往下流时，再移回来享用。

暂时不用勺子时，应放在自己的碟子上，不要把它直接放在餐桌上。用勺子取食物后，要立即食用或放在自己碟子里，不要再把它倒回原处。而如果取用的食物太烫，不可用勺子舀来舀去，也不要用嘴对着吹，可以先放到自己的碗里等凉了再吃。不要把勺子塞到嘴里，或者反复吮吸、舔食。

3. 盘子的使用礼仪

稍小点的盘子就是碟子，主要用来盛放食物，在使用方面和碗略同。盘子在餐桌上一般要保持原位，而且不要堆放在一起。

需要着重介绍的，是一种用途比较特殊的被称为食碟的盘子。食碟的主要作用是用来暂放从公用的菜盘里取来享用的菜肴的。用食碟时，一次不要取放过多的菜肴，看起来既繁乱不堪，又像是饿鬼投胎。不要把多种菜肴堆放在一起，弄不好它们会相互"窜味"，不好看，也不好吃。不吃的残渣、骨、刺不要吐在地上、桌上，而应轻轻取放在食碟前端，放的时候不能直接从嘴里吐在食碟上，要用筷子夹放到碟子旁边。如果食碟放满了，可以让服务员换。

4. 水杯、酒杯的使用礼仪

根据杯子的用途，水杯主要用在盛放清水、汽水、果汁、可乐等软饮料时使用。不要用它来盛酒，也不要倒扣水杯。

白酒、红酒等则用专用酒杯即可。

二、点菜礼仪

不论宴请谁，点菜最重要的一条就是要搞清楚客人的禁忌。不要张口就问客人"喜欢吃什么？"而是要确认客人"不能吃什么？"以此来确认客人的用餐禁忌，禁忌主要包含健康禁忌、地区禁忌、职业禁忌，除此之外，点菜时还要关注对方的宗教习俗和信仰。具体的点菜礼仪在本章第十六节"点菜是个技术活"中有详细介绍。

三、席位座次礼仪

中餐的席位座次主要遵循座次礼仪的原则："以右为尊、居中为上、面门为上"。具体的座次礼仪在本章第十七节中有详细介绍。以中餐席位座次为例，简单概括如下：

一是右高左低原则：两人一同并排就座，通常以右为上座，以左为下座。

这是因为中餐上菜时多以顺时针方向为上菜方向,居右座的因此要比居左座的优先受到照顾。

二是中座为尊原则:三人一同就座用餐,坐在中间的人在位次上高于两侧的人。

三是面门为上原则:用餐的时候,按照礼仪惯例,面对正门者是上座,背对正门者是下座。

四是其他原则:主要是"观景为上"和"靠墙为上"的原则。高档餐厅里,室内外往往有优美的景致或高雅的演出,供用餐者欣赏。这时候,观赏角度最好的座位是上座。在某些中低档餐馆用餐时,通常以靠墙的位置为上座,靠过道的位置为下座。

四、用餐礼仪和用餐禁忌

用餐过程中,主要遵循以下几点:

第1条,用餐前,有些餐厅会为每位用餐者上一块湿毛巾,湿毛巾的作用只能用来擦手。擦手后,应该放回盘子里,由服务员拿走。有时候,在正式宴会结束前,会再上一块湿毛巾。和前者不同的是,它只能用来擦嘴,却不能用来擦脸、抹汗。

第2条,就餐期间尽量不要当众剔牙,如果非剔不行时,用另一只手掩住口部,剔出来的东西,不要当众观看或再次入口,也不要随手乱弹,随口乱吐。剔牙后,不要长时间叼着牙签,更不要用牙签来扎取食物。

第3条,用餐时,补妆要到卫生间或化妆室,避免在众人面前补妆。同时,用餐前也要注意口红的选择,尽量不要把口红印留在杯子上。

第4条,请长辈或上级先入座,并请他们坐在尊位。长辈或上级先动筷,我们才能动筷。

第5条,就餐时不要发出很大的声音,吃喝不出声,吃饭不吧唧嘴,喝汤不发出吸溜汤的声音。

第6条,尽量夹盘中靠近自己一侧三分之一的菜,夹菜不离座。

第 7 条，手不离桌面，饭碗要端起来吃，不端碗的时候可自然地把手搭于桌面。

第 8 条，分清公私筷，外为公内为私，公筷夹菜，私筷进食，尽量给客人让菜不夹菜。

第 9 条，手口要分开，湿毛巾用来擦手，不能擦嘴擦脸。纸巾用来擦嘴，要折叠使用，不能随意地团成团儿，扔得到处都是。餐巾摊开后，放在双膝上端的大腿上，切勿系入腰带。或者挂在领口。

第 10 条，左右有区别，入座从左，斟酒倒茶从右。

第 11 条，顺时转转盘，转盘应该按顺时针的方向来转，上新菜后，应该先转给长辈或上级吃。

第 12 条，转动先确认，先确认没有人正在夹菜，再去转动转盘。一次夹菜也不宜过多，不要挑食，不要只盯住自己喜欢的菜吃。

第 13 条，进食不讲话，嘴里有食物时不能开口说话，如果别人跟你说话，要掩住嘴巴来示意一下。

第 14 条，嘴里的骨头和鱼刺不要吐在桌子上，可用餐巾掩口，用筷子取出来放在碟子里。掉在桌子上的菜，不要再吃。

第 15 条，餐后离席时，在主人还没示意结束时，客人不能先离席。最后离席时，须向主人表示感谢。

中餐礼仪，充斥着满满的人情味和烟火气，心里有光，慢食三餐，四季烟火，百味人间。从清晨的早餐，到深夜的撸串，再到正式的商务宴请，吃饭的形式可繁可简，但晨起暮落的日子终究还是一日三餐，毕竟民以食为天。

我们经常说"做人要拿得起放得下"，我倒觉得，人的一生中唯一拿得起放不下的就是手中的"筷子"，世界如此复杂，我们却要天天吃饭，不是吗？

餐桌上的修养，是菜市场的柴米油盐，也是一双筷子的诗和远方。

第二十一节 敬酒礼仪——会敬酒比能喝酒更有价值

一、酒，从何而来？

关于酒的来历，有个有趣的传说。

相传，酒是由一个名叫杜康的人发明酿造的。

有一天，杜康想研制一种可以喝的东西，可是冥思苦想就是想不出制作方法。晚上睡觉的时候他做了一个奇怪的梦，梦见一个鹤发童颜的老翁来到他面前，对他说："你以水为源，以粮为料，再在粮食泡在水里第九天的酉时找三个人，每人取一滴血加在其中，即成。"说完老翁就不见了。杜康醒来后就按照老翁说的方法制成了酒，可是他又犯愁了，给这酿成的饮品起什么名字呢？他一想，这饮品里有三个人的血，又是酉时滴的，就写作"酒"吧，这个字怎么念呢？因为是在第九天做成的，就取同音，念酒（九）吧！这就是关于酒来历的传说。

酒，是一种文化，也是一部历史。

在中国数千年的文明发展史中，酒与文化的发展基本上是同步进行的，中国甲骨文中早就出现了酒字和与酒有关的醴、尊、酉等字。

世界上最古老的实物酒是伊朗撒玛利出土的葡萄酒，距今三千多年，仍芳醇迷人；中国最古老的实物酒是西安出土的汉代御酒，据专家考证系粮食酒（也有专家认证为黄酒），至今仍香醇可饮，可谓神奇。

李白有"举杯邀明月"的风雅，苏轼有"把酒问青天"的胸襟，欧阳修有"酒逢知己千杯少"的豪情，曹操有"对酒当歌，人生几何"的感怀。无论在哪个时代，酒从未缺席。

二、敬酒时需要特别注意哪些事项？

敬酒也就是祝酒，是指在正式宴会上，由主人向来宾提议，提出某个事由而饮酒。

一般情况下，敬酒应以年龄大小、职位高低、宾主身份为先后顺序，一定要充分考虑好敬酒的顺序，分明主次。敬酒无论是敬的一方还是接受的一方，都要注意因地制宜、入乡随俗。

1. 敬酒分为：正式敬酒和普通敬酒

正式敬酒是指在宴会开始的时候，主人向大家集体敬酒，并说标准的祝酒词。这种祝酒词内容可以稍长一点，但也最好在五分钟之内讲完。当主人向集体敬酒、说祝酒词的时候，所有人应该一律停止用餐或喝酒。主人提议干杯的时候，所有人都要端起酒杯站起来，互相碰一碰。按国际通行的做法，敬酒不一定要喝干，即使平时滴酒不沾的人，也要拿起酒杯示意，以示对主人的尊重。

平时涉及更多的还是普通敬酒。普通敬酒就是在主人正式敬酒之后，各位来宾和主人之间或者来宾之间可以互相敬酒，同时说一两句简单的祝酒词或劝酒词。别人向你敬酒的时候，要手举酒杯，在对方说了祝酒词或"干杯"之后再喝。喝完后，还要手拿酒杯和对方对视一下，这一过程才算结束。

2. 敬酒时，应该站在对方的左侧还是右侧？

起身敬酒一般站在对方的左侧，以表示对对方的尊重。敬酒顺序可以按年龄大小、宾主身份等排序，也可以按照顺时针顺序逐一敬酒。此外，敬酒时要注意酒杯低于别人，等领导或者长辈相互喝完，才可以敬酒。

3. 常见的敬酒顺序

首先，主人敬主宾；其次，陪客敬主宾；再次，主宾回敬；最后，陪客互敬。不能喧宾夺主乱敬酒，那样是很不礼貌，也是很不尊重主人的。

4. 常见的敬酒礼仪

俗话说，酒是越喝越厚，但在酒桌上也有很多学问讲究，以下总结了一些敬酒时需要格外注意的细节，也是常见的敬酒礼仪。

第一，长辈敬完我再敬。在酒桌上要懂得察言观色，在敬酒顺序上也要注意，要等长辈、领导们先发言、讲完话，领导相互喝完才轮到自己敬酒。敬酒一定要站起来，双手举杯。

第二，慎用一人敬多人。可以多人敬一人，决不可一人敬多人，除非你是领导，"一人敬多人"是只有领导和长辈才拥有的敬酒特权。

第三，敬别人时不可比对方喝得少。自己敬别人，如果不碰杯，自己喝多少可视情况而定，比如对方酒量，对方喝酒态度，切不可比对方喝得少，要知道是自己敬人。如果碰杯，一句，我喝完，您随意，方显大度。

第四，敬酒顺时针，杯子要放低。在敬酒时，要以顺时针的方向，这一点很多人都会忽略。在起身碰杯时，如果对方是你的长辈，或是领导，一定记得杯子要低于对方。

第五，主人优先敬酒。来到别人家做客，也要等主人先开口说话、敬酒，方才轮到客人敬酒。在别人的地盘上"借花献佛"，吃别人的饭，敬自己的酒，一定要符合礼仪。

第六，敬酒的手势要注意。敬酒的时候手势也是要注意的，记得右手拿酒杯，左手托底，双手举杯，方显诚意。

第七，勤添酒、少代酒。记得多给领导或客户添酒，不要瞎给领导代酒，就是要代，也要在领导或客户确实想找人代，还要装作自己是因为想喝酒而不是为了给领导代酒而喝酒。比如领导甲不胜酒力，可以通过旁敲侧击把准备敬领导甲的人拦下。

第八，酒桌上少谈生意。喝好了，生意也就差不多了，大家心里了然，不然人家也不会敞开了跟你喝酒。

在敬酒的过程中，也要学会碰杯。

每次干杯时，可以象征性地和对方碰一下酒杯。碰杯的时候，应该让自己的酒杯低于对方的酒杯，表示你对对方的尊敬。当你离对方比较远时，用酒杯杯底轻碰桌面，也可以表示和对方碰杯。如果主人亲自敬酒干杯后，客人应去回敬主人，和他再干一杯。

最后，还要特别注意敬酒时的称谓，尤其和不熟悉的人在一起喝酒，应先打听一下对方的身份，或是留意别人对他的称呼，避免出现尴尬。

敬酒礼仪，会敬酒比能喝酒更有价值。

第二十二节 西餐礼仪——西餐是一种标准化思维模式

一、西餐是一种标准化思维

在中国,第一个吃到西餐的人是谁?

1866 年,清政府浩浩荡荡的洋务运动在推行后的第六个年头终于收获了第一项成果——中国第一所官办外语学校"京师同文馆"的首批学生毕业了,虽然只有十个人,但却意义非凡,因为他们将成为中国自主培养的第一代官方职业外交官。于是,他们开始了史无前例的欧洲十国游。在这十个人里,有个东北小伙叫张德彝,旅途中的饭菜让他难以下咽,牛羊肉都切大块,熟的又黑又焦,生的又腥又膻,鸡鸭不煮而是用烤,鱼虾又辣又酸,洋酒也很难喝,不但酸而且涩,必须兑点儿水才能咽得下去。

张德彝回国后将这些有趣的经历集结成《航海述奇》,虽然吃得相当不合胃口,但让他自己完全没有预料到的是,正是这些琐细絮叨的记录,多年后将他塑造成了史上公认的用文字记录下西餐的中国第一人。

张德彝一生八次出国,在国外度过二十七个年头。每次出国,他都写下详细的日记。他首译电报、自行车、螺丝等至今仍被中国人沿用的科技名词;首次向中国同胞介绍蒸汽机、升降机、缝纫机、收割机、管道煤气乃至巧克力……不仅如此,他还是中国第一个引进西方标点符号的人、第一个钻进埃及金字塔的人、第一个将美国总统官邸译为"白宫"的人……

张德彝虽然吃不惯西餐,但却通过西餐打开了中国人了解西方文化的视角,启迪了后人的思维。

如果用一句话广义地描述中餐和西餐的区别,我觉得中餐更好吃,西餐更好看。从烹调的方法到食材的选用,不同的文化造就了不同的饮食习惯。

中餐靠的是经验,如对火候的掌握、时间的把控等,大部分人全凭个人经验,同一道菜每个人做出来的味道都是不一样的,这就是为什么我们无论何时,最怀念的还是妈妈做的那个味道。而西餐靠的是标准化,他们把经验固化下来,譬如时间、温度、重量等，为的是方便快捷。

中餐和西餐最明显的差别是什么呢？

比如，你去学习制作西餐，问老师加盐加多少？老师会告诉你加"几克"，而学中餐时，老师则会跟你说加"少许、适量"。同样极具标准化的还有西餐礼仪，譬如：对用餐顺序的规范、对仪容仪态的要求、对时间的苛刻等。虽然有时略带刻板，但这种精益求精、追求理性的直接表达方式，很多时候也正是我们所缺少的。

之前听曾仕强老师讲过关于东西方文化的差异，以此来说明中西医的区别。他说："学西方的学问，学到最后，你会得到一个结果：清清楚楚地死掉；学中国的学问，学到最后，你会得到一个结果：糊里糊涂地活着。"

西方人讲求一二三四，中国人常说难得糊涂。不同的文化造就了不同的思维方式，西餐就如同西方文化一样，是一种标准化思维模式。

二、西餐礼仪

西餐，顾名思义是西方国家的餐食。西餐一般以刀叉为餐具，以面包为主食，餐桌多为长形桌台。正规场合的西餐应包括餐汤、前菜、主菜、餐后甜品及饮品。西餐大致可分为法式、英式、意式、俄式、美式、地中海等多种不同风格。法国人一向以善于吃并精于吃而闻名，法式大餐至今仍名列世界西菜之首。

西餐的上菜顺序为：

第一，前菜。西餐的第一道菜是前菜，也称为开胃品。开胃品的内容一般有冷头盘或热头盘之分，常见的品种有鱼子酱、鹅肝酱、熏鲑鱼、鸡尾杯、奶油鸡酥盒、焗蜗牛等。因为是要开胃，所以开胃菜一般都具有特色风味，味道以咸和酸为主，而且数量较少，质量较高。

第二，汤。与中餐有极大不同的是，西餐的第二道菜就是汤。常见的汤有：牛尾清汤、各式奶油汤、海鲜汤、美式蛤蜊浓汤、意式蔬菜汤、俄式罗宋汤等。

第三，副菜。鱼类菜肴一般作为西餐的第三道菜，也称为副菜。品种包括各种鱼类、贝类及软体动物类。通常水产类菜肴与蛋类、面包类、酥盒菜肴等均称为副菜。

第四，主菜。肉、禽类菜肴是西餐的第四道菜，也称为主菜。肉类菜肴的原料多取自牛、羊、猪等各个部位的肉，其中最有代表性的是牛肉或牛排。牛排按其部位又可分为沙朗牛排（也称西冷牛排）、菲利牛排、"T"骨牛排、薄牛排等。

第五，蔬菜类菜肴。蔬菜类菜肴可以安排在肉类菜肴之后，也可以与肉类菜肴同时上桌，所以可以算为一道菜，或称之为一种配菜。蔬菜类菜肴在西餐中称为沙拉，一般用生菜、西红柿、黄瓜、芦笋等制作。沙拉除了蔬菜之外，还有一类是用鱼、肉、蛋类制作的，这类沙拉一般不加味汁，在进餐顺序上可以作为头盘食用。还有一些蔬菜是熟食的，如花椰菜、煮菠菜、炸土豆条。熟食的蔬菜通常是与主菜的肉食类菜肴一同摆放在餐盘中上桌，称之为配菜。

第六，甜品。西餐的甜品是主菜后食用的，可以算作是第六道菜。从真正意义上讲，它包括所有主菜后的食物，如布丁、煎饼、冰淇淋、奶酪、水果等等。

第七，咖啡或茶。西餐的最后一道是上饮料，咖啡或茶。饮咖啡一般要加糖和淡奶油。茶一般要加香桃片和糖。

在搞清楚西餐的基本菜序后，还需掌握西餐就餐礼仪，这样才算相得益彰。常见西餐礼仪主要有以下几方面：

第一，事先预约。要注意的是，在西方去饭店吃饭一般都要事先预约。在预约时，有几点要特别注意说清楚，首先要说明人数和时间，其次要表明是否要吸烟区或视野良好的座位。如果是生日或其他特别的日子，可以告知宴会的目的和预算。在预定时间到达是基本的礼貌，有急事时要提前通知取消定位，并且要表达歉意。

第二，服饰得体。再昂贵的休闲服也不能随意穿着去高档西餐厅吃饭，穿着得体是欧美人的常识。去高档的西餐厅，男士要穿得整洁；女士要穿晚礼服或套装和有跟的鞋子，女士妆容要稍微厚重点，因为餐厅内的光线较暗。如果指定穿正式的服装的话，男士必须打领带。进入餐厅时，男士应先开门，请女士进入，女士应走在前面。入座、点酒都应请女士来决定和品尝。

第三，学会点酒。西餐对每种酒如何饮用有特别规定，如食生蚝或其他贝类时，饮无甜味的白葡萄酒。吃鱼时，可配任何白葡萄酒，但以不过甜者为宜。总的原则是：吃红肉如猪肉、牛肉等时适合点红酒，吃白肉如鸡肉、鱼肉时适合点白酒。点酒时应根据客人的身份、性别、喜好等来点，如果不知道怎样搭配，可以请服务生来帮忙。常规的待客搭配如上所述，当然，饮酒如何搭配食物也应该明白一点，生活因个人喜好不同，饮酒和食物搭配毫无疑问地也可以随个人品位进行调整。

此外，在西餐桌上客人不可主动斟酒。在国际礼仪中，西餐桌上通常由主人或服务生为客人斟酒，客人不必动手。在接受斟酒时不必端起酒杯或者刻意挪动酒杯，酒杯放在原处，对斟酒的人点头微笑示意即可。如果不需要再添酒了，可跟前来斟酒的主人或服务生轻声婉拒，并且告诉对方"不用了，谢谢"。

第四，坐姿优雅。就座时，身体要端正，手肘不要放在桌面上，不可跷足，腹部和餐桌保持约一个拳头的距离。坐在椅子上，应至少坐满椅子的三分之二，宽座沙发则至少坐二分之一。落座后至少十分钟左右时间不要靠椅背，时间久了，可轻靠椅背。女士入座时，若是裙装，应用手将裙子稍稍拢一下，不要坐下后再拉拽衣裙，那样不优雅。正式场合一般从椅子的左边入座，这是一种礼貌。

第五，餐巾对折并放在腿上。必须等大家坐定后，才可使用餐巾，切忌用餐巾擦拭餐具。餐台上已摆好的餐具不要随意摆弄，将餐巾对折轻轻放在膝上。

第六，牛排由外侧向内侧切。牛排要吃一块，切一块。右手拿刀，左手握叉。切牛排应由外侧向内侧切，一次未切下，再切一次，不能用拉锯子的方式切，也不要拉扯。切肉要大小适度，不要大块塞进嘴里。猪排、羊肉都要熟透，吃法与吃牛排相同。

第七，面条要用叉子卷着吃。在西餐中也有面条，如意大利面。吃面条时，应用叉子头部卷着吃，也可以卷好面条后，用汤匙辅助接着，吃面条时不要一次挑太多，以免掉落。切忌不能用刀切断面条，或者把面条直接挑得很高吃，这样都不雅观。

第八，面包用手拿着吃。吃面包最安全的做法是无论大小，都将其分成两半，吃一片撕一片。如果是大块的三明治或大块面包，可先用刀切开后再用手拿着吃。如果是很热的面包或者蘸卤汁吃的热三明治，因为怕烫手，则可以用刀叉来吃。

第九，吃水果和甜点时用专用刀叉。根据水果的品类和大小使用专门的水果刀叉去分食，如吃香蕉时，应该将皮剥去后切断食用；吃苹果、橙子、西瓜时应切成小块食用。如水果汁水较多时也可以使用勺子，注意别让汁水流到外面或滴到衣服上。吃甜点时，一般使用专门的甜点叉或甜点勺。

第十，喝汤时尽量不要发出声音。喝汤时不能发出啜食声音，也不能端起汤盘喝，喝汤必须借助汤匙，每次不要将汤匙盛太满，也不要去舔汤匙。

第十一，喝茶或咖啡。喝茶和咖啡时，如果愿意加牛奶、白糖，可自取加入杯中，用小茶匙搅拌后，茶匙仍放回小碟内。喝时右手拿杯把，左手端小碟。喝咖啡时会往咖啡中加液体咖啡伴侣，如果不愿意浪费可将少许咖啡倒入盛装咖啡伴侣的杯盘中搅拌，并再次倒入咖啡杯中搅拌即可，切忌误将剩下的咖啡伴侣直接喝下。

第十二，刀叉的使用。右手拿刀，左手握叉，使用刀时，刀刃不可向外。进餐中放下刀叉时，应摆成"八"字型，分别放在餐盘两边。如果中途离开餐桌，应将刀叉尖端向上，交叉放在主盘中。如果是谈话，可以拿着刀叉，无需放下。不用刀时，也可以用右手持叉，但若需要作手势时，就应放下刀叉，千万不可手执刀叉在空中挥舞摇晃，也不要一手拿刀或叉，而另一只手拿餐巾擦嘴，也不可一手拿酒杯，另一只手拿叉取菜。

第五章 礼仪不是高高在上的优雅，而是一言一行的日常

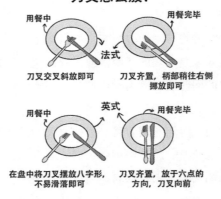

  第十三，用手取食。吃西餐不可随便用手取食，大部分食物都要用刀叉。但如果在主人允许的情况下，或者餐前端上来洗手水，说明眼前的肉食可以用手吃。如果你不知道该不该用手拿着吃，就跟着主人做。下面是一些可以用手拿着吃的食物：带芯的玉米、肋骨、带壳的蛤蚌和牡蛎、龙虾、三明治、干蛋糕、小甜饼等。

  一顿好的西餐就像一个人一样，需要内外兼修。用餐时得体的服饰，酒和菜的搭配，优雅的用餐礼仪，正确使用餐具、酒具等，看似条条框框，实则吃的是文明和心境，体现的是状态和修养。

  西餐礼仪，用理性的方式遇见感性，这该死的仪式感！

第二十三节 咖啡礼仪——切勿用咖啡勺喝咖啡

  《世界尽头的咖啡馆》里讲了一个"反向浪"的例子：海龟在游泳比赛中之所以能游过人类，因为它们有一个绝妙的智慧，那就是从不与海浪相争，只在海浪把自己往前推的时候用力去游，反向浪打过来的时候，它们就会浮在海面上保持体力。可人类从来都不是这样，人类往往不顾海水的方向，自始至终都在用力地游，这样一来，反向浪有多大阻力，人的体力就有多快地被消耗。

现实中我们有多少人每天正在被这种"反向浪"所消耗，譬如拖延、无用的社交、他人的评价等。书里有句话是这样写的："你要清楚某样东西是否能让你的生活更圆满，由你自己说了算，和别人告诉你它圆不圆满无关。"读到此处，我不由自主地端起了桌子上那杯手磨咖啡，那将是我对这个慵懒周末的最大敬意。

世界尽头的咖啡馆到底在哪里我没有寻找过，但这两年我喜欢自己制作咖啡，从咖啡豆的选取到研磨技巧再到萃取方式，每一杯咖啡都在不断融入我的悲喜，也在不断发现中找寻属于自己的人生意义。

咖啡，一半是味道，一半是心情，饱含了生活的清醒，蕴藏了岁月的悠然。不论是清晨的街头，还是惬意的午后，这种快与慢的融合，在每个城市的街头巷尾，已经成为一种生活方式，咖啡也越来越成为日常工作和生活中不可缺少的部分。

咖啡文化，作为社交新媒介，既能方便快捷，也能慢慢品味。咖啡礼仪，可以彰显个人气质，也能品味日常琐碎。

一、咖啡礼仪

1. 喝咖啡不要发出声音。

2. 热咖啡要在十分钟之内喝完（最佳温度65度）。

3. 刚刚煮好的咖啡太热，可以用咖啡匙在杯中轻轻搅拌使之冷却，或者等待其自然冷却，然后再饮用。不要用嘴试图去把咖啡吹凉，这是很不文雅的动作。

4. 不可用咖啡勺喝咖啡，咖啡勺是用来搅拌咖啡的。

5. 咖啡杯碟不可分开放置。如若暂时不喝，应将咖啡放在配套的碟子上。需要端着咖啡行走时，应将碟子托着咖啡杯一起端起。添加咖啡时，也不应该把咖啡杯从咖啡碟中拿起来。

6. 切忌左手咖啡、右手甜点。喝咖啡和吃甜点可以交替进行，切勿两只手

第五章 礼仪不是高高在上的优雅，而是一言一行的日常

都占着。

7.做客时咖啡尽量要喝完,如若自己做咖啡招待客人,单品八分满,花式满而不溢。

8.咖啡摆盘时,咖啡杯的耳朵和勺子朝着客人右手。

二、咖啡杯的用法

餐后饮用的咖啡一般都是用袖珍型的杯子盛出,这种杯子的杯耳较小,手指无法穿出去。但即使用较大的杯子,也不要用手指穿过杯耳再端杯子。咖啡杯的正确拿法,应是拇指和食指捏住杯把儿再将杯子端起。

三、咖啡加糖的方法

给咖啡加糖时,砂糖可用咖啡匙舀取,直接加入杯内;也可先用糖夹子把方糖夹在咖啡碟的近身一侧,再用咖啡匙把方糖加在杯子里。如果直接用糖夹子或手把方糖放入杯内,有时可能会使咖啡溅出,从而弄脏衣服或台布。

四、咖啡匙的用法

咖啡匙是专门用来搅咖啡的,饮用咖啡时应当把它取出来。不能用咖啡匙舀着咖啡一匙一匙地慢慢喝,也不要用咖啡匙来捣碎杯中的方糖。

五、杯碟使用方法

端碟子不要将碟子的高度高于胸部,盛放咖啡的杯碟都是特制的。它们应当放在饮用者的正面或者右侧,杯耳应指向右方。饮咖啡时,可以用右手拿着咖啡的杯耳,左手轻轻托着咖啡碟,慢慢地移向嘴边轻啜。

不宜满把握杯、大口吞咽,也不宜俯首去就咖啡杯。喝咖啡时,不要发出声响。添加咖啡时,不要把咖啡杯从咖啡碟中拿起来。

六、喝咖啡与吃点心

有时候喝咖啡可以吃一些点心,但不要一手端着咖啡杯,一手拿着点心,或者是吃一口喝一口地交替进行。喝咖啡时应当放下点心,吃点心时则放下咖啡杯。

有人说,喜欢喝咖啡的人都是工作忙碌且生活快捷的人,也有人说,咖啡是成年人成长的必经之路,有甜蜜、会兴奋、有苦涩、会失眠,最后会上瘾。从全糖、半糖,到后来慢慢喜欢上无糖,喝咖啡喝得越久,就越不喜欢往里面加糖,因为会更懂它的原味,这像极了生活。

以前,我吃不了苦瓜;

后来,我爱上了咖啡。

咖啡礼仪,苦中作乐!

第二十四节 下午茶礼仪——下午茶的打开方式

电视剧《三十而已》热播时,顾佳与王太太"品茶"的场面一度被大家刷上热搜,只因顾佳一语道破下午茶礼仪中高桌椅和矮桌椅的使用区别,也因此给向来只喜奢华的王太太狠狠地展示了一次知识的魅力。剧中的贵妇们聚在一起,除了晒包之外,经常做的事情就是喝下午茶。随着文化的交融,下午茶聚会也成为很多人的选择,渐渐地成为一种生活方式,其中以英式下午茶为典型代表。

说起英国茶的起源,和中国还有着千丝万缕的关系。英国人第一次接触到茶是17世纪,当时葡萄牙公主为英国宫廷带去了喝茶的习惯,而这些茶,则来自康熙年间的中国。到了18世纪后,茶逐渐成为全民饮品,所以当时英国人对中国茶的需求量可以说是巨大的。1868年有过一个统计,英国人均茶叶消费量为3.52磅,其中中国茶叶占93%,印度茶占7%。而仅在20多年后,英国的茶叶消费习惯就发生了非常大的变化,人均茶叶消费增长到5.73磅,但中国茶叶所占比重却急速下降到了11%,印度茶和锡兰茶逐渐取代了中国茶的地位,为什么会产生如此大的变化呢?

原来,英国商人对于中国茶叶在英国市场处于垄断地位一直耿耿于怀,中国茶商在中英贸易中占有市场主动权,英国茶叶市场价格受制于中国茶商,而且中国茶非常贵,英国人自然是不干,于是他们开始积极地从自己的殖民地进口茶叶,即印度茶和锡兰茶。不仅如此,他们还在自己的殖民地开始了茶叶种植实验。于是到了19世纪末,在中英贸易中中国茶的垄断地位逐渐不复存在,英国茶叶市场也开始被印度、锡兰生产的茶叶所占领。

传统英式下午茶的专用茶为伯爵茶、锡兰红茶和祁门红茶。在今天,随着下午茶的普及,花茶、奶茶等也都常作为下午茶茶水。

1. 下午茶分类

下午茶一般分为:高茶(High Tea)和低茶(Low Tea)。

其实这里的 High 和 Low 并不是指阶级的高低,而是桌椅的高矮。

18世纪中期,当时英国人喜欢吃丰盛的早餐和晚餐,午餐则十分简单。由于两餐之间的间隔时间较长,于是一些贵族妇女开始在下午四五点开始吃甜点,慢慢地喝茶聊天。这种习惯导致大家争相效仿,于是午后饮茶便作为一种上层社会的礼仪盛行一时,不久后也迅速普及至平民社会,逐渐形成了具有鲜明特色的英国茶文化。

上流社会喝茶聊天时都会坐在矮沙发或者扶手椅上,因为坐得比较低,所以称为 Low tea, 一般指上流阶级在下午三四点享用的下午茶,可以慢慢享用品味,不着急赶时间,因此讲究颇多。

而工人阶级通常在较高的餐桌和餐凳上用下午茶,因为坐得比较高,所以称为 High tea,指在饭厅的高桌上享用,因为坐得比较高吃起来方便,快速吃完就可以去干活,因此盛行于普通大众。又因为一般晚餐最早要在八点才能开始,这是作为一天的劳累后补充体力的餐前小食,所以 High tea 又叫 Meat tea,其实已经很像一顿正餐了,通常在下午5点左右食用。

2. 下午茶时间

最正统的英式下午茶时间通常在下午四点左右,通常是为了填饱八点才能吃到晚饭的肚子。不过现在,已经几乎没有了 Low 和 High 之分,因为没有填饱肚子的需求了，所以，下午茶更像是一种社交文化，崇尚自由、简单和舒适。

3. 下午茶摆盘

正宗英式下午茶的茶点非常丰富，精致而小巧，通常会用三层的点心瓷盘盛放。

最下面一层是三明治、手工饼干等咸味食物，中间会放传统英式下午茶点心司康饼，最上面一层会放水果塔等甜品。

4. 下午茶食用顺序

在传统的下午茶里，所有食物一般都是同时展示。但是这并不意味着你可以随便吃。食用顺序是从下到上，先咸后甜。一般先品尝咸味食物，打开味蕾。

5. 司康饼的吃法

没有新鲜出炉的司康饼，下午茶就是不完美的。司康饼由燕麦和面粉做成，常见的形状有圆形、方形、菱形和三角形等。司康饼配有黄油、奶油、果酱等，在英国关于司康饼先涂奶油还是先涂果酱是有地域性争论的，不过现在普遍都比较随意，你可以按照自己的想法来。

吃司康饼要用小刀横切成上下两半，中间涂上果酱和凝脂奶油，用手拿着吃，而不用刀叉吃。一般情况下可以先涂果酱、再涂奶油，吃完一口、再涂下一口。

6. 倒茶的顺序

喝下午茶倒茶的顺序是有讲究的。

先在杯子里加入所需要的糖，然后倒入茶，直到杯子的四分之三处。这个时候，你可以添加牛奶了。在过去为了保护优质的瓷器不被沸水损坏，会先倒牛奶，而现在已经没有这个方面的忧虑了。

7. 茶杯的使用

茶杯和茶托必须随时在一起，喝茶的时候也要把茶托捧起来喝，茶匙不要搁在茶杯里，而是要放在茶托上。若将茶匙放在茶杯里，则向女主人暗示您不需要添茶了。

8. 不要翘小指

从古罗马时候起，教养良好的绅士淑女都是用三根手指用餐，在拿食物、操作餐具的时候，遵守三指礼节。传统礼仪中必须要用大拇指和食指捏住杯柄，但不可把手指伸进杯圈，并且要注意小拇指不能翘起。

9. 搅拌的技巧

搅拌不当是人们喝下午茶时经常会犯的错误。

正确的搅拌方法是：汤匙从杯子的六点钟方向向十二点钟方向搅拌，简单来说，也就是顺时针。而且，汤匙不要紧贴着瓷器搅拌，要小幅度慢慢地搅拌。

10. 餐巾的使用

传统的下午茶时间，餐巾应该铺在自己的腿上，这样在吃面包的时候，面包屑不会弄脏自己的衣裤或者地板，这点和西餐礼仪中餐巾的使用方法一样。如果在下午茶结束前你需要短暂离开，那么你可以把餐巾放在椅子上，而不是桌子上。等到下午茶结束后，你才可以把餐巾放在桌上。

茶在一定程度上体现了英国的个人主义价值观，即以个人为中心，保持独立、内敛和安静的气质，这恰恰也是英国民族精神最大的特点之一。同时，高雅的下午茶文化也体现了英国民族自我优越感，和凌驾于其他民族之上的快乐。

当然，今天的下午茶我们早已不再遵循固有的一套了，尤其越来越多的中式下午茶更是我们的心头爱，既有苏式、粤式等精致的点心，也有极具特色的时令果点等。总之，地域不同，人文不同，茶品也不同。

无门慧开禅师说："春有百花秋有月，夏有凉风冬有雪，若无闲事挂心头，便是人间好时节。"下午茶礼仪，认不认识司康饼不重要，喝哪国茶随你选择。以平常心观世，以无常心度己。

第二十五节 送礼礼仪——越是世俗的东西才越有人情味

《红楼梦》中曾写道:"世事洞明皆学问,人情练达即文章。"在我国一直都延续着礼尚往来的传统,请客送礼也是中国人人际交往的方式之一,不论是在生活中还是在工作中,逢年过节送送礼、串串门是拉近彼此关系的一个必备环节。一份礼品,一份心意,在人情来往这个过程中,不仅可以增进彼此之间的接触,也会加深互相之间的情感。

日常送礼要遵循以下基本原则:

1. 礼物合适最重要

馈赠礼品时要尽可能考虑受礼人的喜好,"投其所好"是赠送礼品最基本的原则。尽量送别人没有的东西,或者是正好需要的,这样最容易被对方接受。礼不在重而在于合适,正所谓"千里送鹅毛,礼轻情意重",有时礼品太贵重反而会使受礼者不安。

此外,馈赠礼物是带有互惠性的,如果你赠送他人,按照常理,对方也会回赠,因此,对于认识不深的朋友不要送太昂贵的礼物,有时会令人感到尴尬。回赠的礼物也并不是必须要等值,只要你用心替对方选一件合适的礼物即可。

2. 礼物要切合实际

赠送礼物之前也要简单了解一下对方,赠送的礼物要切合对方的习惯,如送香水给从来不用香水的朋友、送烟斗给不吸烟的朋友等都是不合适的。

3. 礼物要去掉标价

购买的礼物,要将贴于其上的标价签去掉。

4. 礼物要有包装

送礼要想正式一些,就一定要有包装,不论是礼盒还是礼包,都会让人觉得是经过精心准备的,而不是随便买了一个就拿过来了。进而,收礼的一方也会从心里觉得备受尊重。一份没有包装的礼物,会给人敷衍塞责的感觉,送礼的效果会打折扣。

礼物之所以成为礼物，因为它通常都是经过特意包装的，让人打开时有惊喜感，以显示它是礼物。所以，送礼时一定要有包装。

5. 送礼要有合适的理由

送礼前，要明确为什么送，并且要让受礼人也明白。如果没有理由，或者理由太牵强，受礼人难以坦然接受，会造成误解，而且容易引起猜疑，甚至招致不必要的麻烦。如果没有想好合适的理由，那宁可先不送礼物。

第一，送礼前，要明确为什么送礼，自己组织好语言，说明原因，让受礼的人也明白。

第二，送礼前，给对方打个电话约好时间，以免对方不方便接受。如果对方不在，也应该做好沟通，不要随手把礼物放下就走人了。

第三，根据你与受礼人的关系和送礼的目的，可采用直接或间接的送礼方式。

6. 送礼要根据对象有所区别

如果送礼千篇一律、每年不变，那就无法传达出礼物的期待和惊喜，也无法表达出送礼人的情谊。需遵循以下几点：

第一，连续给同一个人送礼时，不要每次都送一样的礼物。

第二，送礼给同一个公司不同的人时，上下级别的礼品要有所区分。

第三，公私礼物要区别开来，公务礼物要在公开场合送，私人礼物在私下送。

7. 受礼后要回赠

受礼后按照常规要回赠对方礼物，如果长期不回礼是很不礼貌的。

如果有客人来自己家做客时送礼，主人应当在客人告别时回赠客人礼物，如果当下没有特别合适的礼物，也应该抽时间回赠给对方，回赠时与收到的礼物相当即可，不要太贵或太便宜。

8. 送礼的禁忌

礼品的样数要成双成对为好，要结合受礼者的身份、年龄、职业等去选择送什么。同时，也要把握分寸，对于关系并不是很亲密的人，千万不要送过于私人的物品。

经常有人说,送礼真麻烦,直接送钱不就好了?或者直接发红包岂不是更方便?

当然不行,送礼不只是为了表达心意,也是我们和一个人了解互动的过程。总有人记得你无意间的好,世间所有的久处不厌,也是因为你用了心。另外,逢年过节走亲访友,客人带上节礼,主人盛情款待,这不就是我们说的热闹吗?虽然每一年回家的路总是拥挤,但还是按捺不住那颗回家的心,这就是属于我们独有的人情。

还有那句老话:"送礼送的是面子,留下来的是里子。"人情世故中,谁都不是谁的谁,但谁能记住你是谁。

不要小看人情的力量,也不要抨击世俗的方式,有时候,越是世俗的东西才越有人情味,不是吗?

第二十六节 约会礼仪
——你是什么样的人,你就会吸引什么样的人

钱钟书先生在《围城》里写道:"约着见一面,就能使见面的前后几天都沾着光,变成好日子。"约会约的是状态和心情,状态自如,心情舒适,气氛也会变得愉悦,其实结果反倒不那么重要了。很简单的道理:你是什么样的人,你就会吸引什么样的人。看似是和他人约会,实则也是一场自我相处。

除了状态和心情,良好的穿搭和约会礼仪也不容忽视,我建议约会时尽量选择穿自己喜欢并且舒适的衣服,因为做自己才能最自然,别人也才能真正地了解你。约会的提出不仅要讲究礼节礼貌,在约会时,还要格外注重约会礼仪,这也是个人素养的关键。常见的约会礼仪如下:

1. 不要迟到，不要随意改变计划

不论是相亲还是其他形式的相识，在第一次约会时都应做好充分准备，不要迟到，要留给对方良好的第一印象。同时，尽量不要随意改变定好的计划，如吃饭的时间、地点等。如果有急事，需提前跟对方说明，以免引起不必要的误会。

2. 不装贤良淑德，但也不要毫无顾忌地试探对方

第一次约会往往是看合不合眼缘，能否聊得来，而不是去过度标榜人设，在尊重的前提下保持最真实的自己就好。有些行为或许你的意图是好的，但对方不见得会理解，如果第一次你表现得贤良淑德，但其实真实的你根本不是这样，会让对方形成错误的信息判断。

此外，在已选好的餐厅里适度消费即可，不要铺张浪费，也不要刻意让对方给你买奢侈品之类的，或许你在试探，但别人又何尝不是在判断呢？这些行为都只能让自己掉价，也可能会引起对方的反感。

3. 主动邀约并不是男方的特权

第一次约会，大部分都是男方主动，但女方也可以根据具体情况主动大方地向男方发出邀请。毕竟，随着时代的进步，角色也在发生变化，主动邀请并不是男方的特权，女生也不要过于被动和矜持。

女方主动邀请时也要足够尊重男方，当然，这也是一次沟通和了解的绝佳时机。

4. 接送你的约会对象

如果男方主动邀请，在时间方便的情况下，尽量去接一下约会对象，这样也能体现男方的绅士风度和认真程度。当然，是要在女方允许的情况下。同样，在约会结束后，尽量将对方送回。

5. 拒绝约会尽量说明理由

如果已经答应了约会，但通过约会前的聊天沟通觉得不是很合适，也或者不想再接受这个约会，就尽量给对方一个充足的理由去拒绝，即使编一个理由

也不要直接生硬冰冷地去伤害别人的心意。

6. 坦诚地交流经济问题

第一次约会，关于双方的经济状况，大致了解即可，如双方的收入情况、家庭情况等，坦诚交流即可，不要过度交流经济问题。可在第一次约会大家互有好感后，再进一步慢慢了解。当然，有什么疑惑和想法可以提出来，如果你就是奔着经济条件好的去找，那也不用遮遮掩掩，对方不符合要求也不用违心。

7. 终止约会一般由女性提出

约会终止，一般由被约者，大多数也是女性提出。约请者，男性如有急事当然也可直率地提出终止约会，但要向对方表示歉意。在约会中，如果觉得对方不是自己的意中人，也不要只谈上三五分钟就告辞。如果两人之间无话可说，可谈一些其他的事情，待形成一定的气氛后，再礼貌地提出告辞。

经常听老人讲，人这一辈子，和一个人的优点谈恋爱，和一个人的缺点过日子。约会，给对方体面也是给自己体面，只有明白自己的需求，方能掌握自己的人生。

老舍笔下的恋爱总是浪漫又通透的，就如这句："这世上真话本就不多，一位女子脸红胜过一大段告白。"愿你奔赴一场约会，从见面、吃饭、散步、合拍到永远相爱。

有时候，太了解自己是一种幸运的清醒，但也难免失去那种单纯的享受。适度审视别人，适度反观自己，毕竟，相互吸引的人是不需要那么费劲奔跑的。

第二十七节 婚礼礼仪——参加婚礼时着装要有分寸

婚礼，在中国原为"昏礼"。古人认为黄昏是吉时，所以会在黄昏行娶妻之礼，故而得名。婚礼，与出生礼（满月）、成人礼、丧礼一起被称为人生仪礼，即一个人在世间成长过程中的一系列仪式。

婚礼是一个人一生中重要的里程碑，属于生命礼仪的一种。自己结婚一般都会高度重视，但参加别人婚礼时也要格外注意。

参加婚礼时的注意事项有哪些？

一、穿着大方得体

新人应该是婚礼上唯一的焦点，如果不是新娘，还在婚礼上穿着一袭隆重的白裙，可能会让人误会成抢风头。另外，红色是唯一比白色更扎眼的颜色，就算婚礼上没有着装要求，也尽量少穿红色这么出风头的颜色。

如果是男性朋友的话，尽量穿得稍微正式些，但不可过于隆重盖过新郎的风头。如果是女性朋友，可以穿小礼裙或者正式一些的衣服，少穿T恤牛仔裤等，显得太随意。更不要穿一身黑、一身白，或大红色的衣服。

参加婚礼时着装上主要注意两点：

1. 不可从头到脚穿一身黑色

黑色是经典色，但在参加婚礼时要慎穿，不论是黑色裙子或者套装。传统中穿一身没有任何装饰配饰的黑色意为去参加葬礼。但是如果搭配带有色彩的配饰或者腰带，以及不同颜色的鞋和包，让全身服饰颜色不要只有黑色一种，增加愉悦华丽的气氛，也可以作为选择。

2. 不可身着一身白色

参加婚礼时，上下一身白色也是不礼貌的，因为现在好多人都举办西式婚礼，白色为新娘的颜色，不可与新娘撞色。此外，很多女生喜欢白裙子或者白色礼服，虽然好看，但参加婚礼时着装不可比新娘更引人注目，毕竟新娘才是主角。

二、准时到达现场

参加婚礼时一定要准时到达婚宴现场，这不仅是对朋友的尊重，也是对新人最好的祝福。一般婚礼仪式的时间都是提前定好的，也就是我们说的吉时。另外，开餐的时间也是固定的，如果大家都已经坐好了，晚到就会破坏婚礼的整个气氛。

三、提前准备好祝福语

在参加婚礼时，新人一般都会在门口迎宾，当天新人都会很忙，没办法和每个人多聊，因此需要提前准备好祝福语，在门口简单祝福即可，要聊天的话等新人忙完或者婚礼结束再聊。

四、不要过分饮酒和劝酒

参加婚礼大家都愿意喝点酒，但要注意，不要过分劝酒把别人灌醉，更不要把自己喝醉。一旦醉酒，仪态不得体，让新人及宾客看到你的丑态难免有点尴尬。如果是烂醉发酒疯，既扰乱了婚礼的秩序，又当众出丑那就更加是笑话了。

婚礼当天新人敬酒时，总有人会调侃新郎或新娘多喝酒，甚至会开比较过分的玩笑，其实这样非常不得体。还有的人总喜欢把酒场当战场，想方设法劝别人多喝几杯，认为不喝到量就是不实在，"以酒论英雄"，有时过分地劝酒可能你自认为是关系好的表现，但婚宴上宾客众多，一味地劝酒拉扯实则会给人一种不好的感觉。因此，喝酒要有分寸，不可随意劝酒。

五、拍照时不要影响别人

婚礼当天会有很多亲朋好友找新人合照，此时，拍一两张留作纪念就好，等专门到拍照环节再好好拍，不要过分占用新人的时间，也不要影响婚礼跟拍摄影，更不要没完没了地拉着新人拍个不停。

六、不要对新娘品头论足

切忌对新娘品头论足，可能你对新娘的婚纱或者头饰妆容不满意，又或者对新娘的气质样貌持着八卦的心理，但是绝对不可以跟朋友窃窃私语评论，别以为别人会听不到，这是极度不礼貌的表现，也是对新娘新郎乃至整场婚礼的不尊重。

七、管好孩子

如果你的孩子在婚礼典礼中途哭闹，赶紧把孩子抱出去。别让孩子在餐桌底下玩捉迷藏，也别让他们到处乱跑，大吵大闹，万一碰撞到东西产生闹剧既不得体，也不安全。

八、闹洞房时注意分寸

以前闹洞房是婚礼的必备组成部分，每个地方的习俗也不一样。现在婚礼都简化了，闹洞房更是几个好友与新人之间的互动游戏，有些朋友在迎亲时就开始了男团女团大比拼，还有些在婚宴上出节目，这种既搞笑又有意思的游戏确实有助于将婚宴的气氛推至高潮，不见得非要到晚上真的去"闹"，如果真的去闹洞房，谨记不要做得太过分和低俗。

除了以上八点，还得具体情况具体处理，一切本着"尊重"的原则，为新人送去最诚挚的祝福。

三书六礼、十里红妆、凤冠霞帔，这是属于中式婚礼的独特仪式！

一袭白纱、西装领带、教堂神父，这是属于西式婚礼的简洁浪漫！

事成，礼毕，谢亲朋，从此无名指不再无名。年年岁岁朝暮间，朝朝暮暮很多年，从鲜衣怒马到素衣白发，热烈是尽欢，蹒跚是久伴。

婚礼礼仪，以诚挚之心，携最爱之人，见证人生中最重要的时刻！

第二十八节 探病礼仪
——探病时请先调整好自己的情绪和状态

最近网络热词"emo"频频出圈，很多人经常用"我 emo 了"这个词来形容自己的情绪。睡不好会"emo"、买不到心仪的早餐会"emo"、社交恐惧会"emo"、工作遇到问题也会"emo"、去医院更会"emo"……放在当下，emo 的意思约等于"丧""伤感"和"忧郁"等不良情绪。

在这个全员都"emo"和告别"emo"的时代，这并不意味着人们要压抑对情感关怀的需求，相反，我觉得这反倒是个表达和释放情绪的通道，也挺好的。但"emo"多了，你的坏情绪身体都会记得。多项实验证实，情绪压力会加速疾病发展，所以，探病时请先调整好自己的情绪和状态，如果自己心情低落状态差，那就换个时间再去，避免将坏情绪传染给对方。

人活一世，生、老、病、死是必经之路，生病几乎是每个人都会经历的过程。探病是一门学问，是一门艺术，也是一种礼节。需要注意如下几个方面：

第一，探望病人之前先了解病情，不宜集中同一时间去探望。

在决定去探望病人之前，有必要先简要了解一下病人的病情。如果病人手术不久，十分虚弱，或者正在抢救之中，家人一般是不希望探病者贸然前往的。有的病人刚住进医院，同事、亲友就川流不息前去探望，使病人和家属不堪负担，在这种情况下，也不宜集中在同一时间去凑热闹。

第二，探病需选择合适的时间，不要打扰病人休息。

探望病人的时候，应选择一个合适的时间。在了解医院探病时间安排的基础上，尽量避开病人休息、用餐和医疗的时间，通常选择在下午和晚饭后最佳。同时，还应控制好探病的时间，以半小时左右为界。否则，探病时间过长，则不利于病人身体恢复和休息。

第三，探病时衣着要整洁，不要穿富有刺激性色彩的衣服。

在探望病人前，女性朋友在衣着打扮上要尤为注意。

首先，衣服的颜色不要过于鲜艳，以免刺激病人的眼部神经；其次，不要穿高跟鞋，以免在行走时发出声响，影响其他病人休息。探病时，衣着尽量素雅一点，鞋子最好选择软底鞋。此外，最好不要喷洒香味过于浓烈的香水，以免引起病人过敏或咳嗽等症状。走路要轻，不能打扰其他病人的休息。如果病人在家治疗休养，则应该在上午或午休之后再去探望为好。

第四，探望病人礼品有讲究，送鲜花和水果为最佳。

探望病人所带的礼品是有一定讲究的，既然送礼就要送到心坎里，不要送一些病人忌讳或华而不实的东西。目前，探病的礼品大致有鲜花、水果及食品之类的东西。其中，以水果和鲜花为最佳。

鲜花： 探病时送一束鲜花给病人的目的是希望让病人可以有个好心情，但是，送花必须注意场合和含义。最好选择香味比较淡雅的鲜花，因为浓郁的花香会使体弱的病人感到头晕。如果送了一束香味很浓的花，花粉有可能会引起呼吸道过敏，引发患者不适；如果送颜色太浓艳的花，会刺激病人的神经，激发烦躁情绪。所以，病人在住院期间，送花要慎重。此外，鲜花有很多种，每一种都有它特定的寓意，什么场合送什么鲜花这都是有规则的，不能乱送。

食品和水果：送食品前先要了解病人的病情，对症送食品，比如探望患了高血压的病人，可以送一些降血压的食品；探望患了糖尿病的病人千万不要送含糖量高的食品；探望发烧的病人，送一些能补充体内水分的食品；探望产妇，可以送一些补气补血的食品等。

第五，探病时神情保持关切，问候话语要贴心。

病人在患病期间，一般都比较敏感。因此，在跟病人讲话时，一定要真诚，双眼要凝视对方，听对方讲话时要认真，不要东张西望，要使病人感到你在真心实意地关注他。与病人谈话时，一般应先询问病人身体状况及治疗效果，还要帮助分担病人的病痛和担忧，神情语气应该保持轻松和关切，稳定其情绪。如果看到病床周围的医疗器械，不要显得过于担心，千万不要大惊小怪，这样只会徒增病人的压力。

第六，让病人早点休息，适时地结束探望。

结束探望时，要从健康的角度考虑，最好能够适时地、婉转地结束探望，一方面避免因为自己探视时间过长影响了病房里的其他病人休息，另一方面也可以让病人早点儿休息，避免疲劳影响身体恢复。

探望病人，应为病人考虑，注意探望时间，尊重病人，遵守病房规则等，做一个文明的探望者。

第二十九节 葬礼礼仪——参加葬礼的禁忌有哪些?

生老病死乃人间常情,每个人都无法逃脱出生、衰老、生病以及死亡的自然规律。死亡属于死者人生经历的最后一个过程,而葬礼则是人们对死者吊唁和缅怀的一种方式。从旧石器时代开始,葬礼便开始出现,发展至今,葬礼已经成为了一种风俗文化,而每个地方的风俗都有所不同。

参加葬礼讲究较多,都有哪些注意事项?

第一,迟到是大忌

尤其是参加葬礼的时候,途中无论发生任何事情都不能迟到,务必要准时到达现场,这是对死者最基本的一种尊重。

第二,服饰穿戴要深色

参加葬礼,不要穿颜色艳丽的衣服,不要穿运动服、休闲服,男女皆应选择黑、灰、蓝等简单、深色款式的衣服。女士避免妆容过重,尽量不佩戴首饰,或佩戴简单的素色首饰。

第三,神情举止应肃穆

参加葬礼,切忌大声喧哗,嬉笑打闹。无论是出于好奇,还是其他原因,不要注视逝者家属。不要大声哭泣,葬礼应是平静、肃穆地送逝者最后一程。

第四,礼金包装用白色或素色

这是一种约定俗成的习惯,参加葬礼的人一般都会准备一份礼金,表达自己的一份心意。需要注意的是,这个礼金不能用红纸包装,最好用白色或素色纸封包好,在封皮上写上"奠仪""帛金"之类的黑字,并署名。

第五,花圈或花篮上面要写有挽联

鲜花或纸花均可,上面要写有挽联,要有上下款,上款写对逝者的称谓和极简短的悼词,表示对逝者的怀念,下联写怀念的话和某某敬挽。

最后,要注意参加葬礼的时候,对逝者亲人不可过度表示同情。亲属的悲伤,我们没办法感同身受,我们能做的就是耐心倾听,默默陪伴,安静地陪同亲属送别逝者走完人生最后一程。

葬礼是庄重、严肃的事情。参加葬礼表达对逝者追思、怀念的同时，更应谨记诸多讲究，避免破坏葬礼氛围、打扰逝者、影响逝者家属心情。

葬礼礼仪，敬畏生命，尊重逝者！

第六章

缺点是一种认知

第一节 缺点是一种认知

一位很有名的画家想画一幅人人都喜欢的画，于是他把画好的作品拿到街上去展出，同时，在画的旁边放了一支笔，并附上一行文字："如果你认为这幅画有欠佳之处，请在画中标出。"晚上他收回画作时，发现整幅画被涂满标记，看着被指出的种种不足，他心里特别失落。

画家决定换一种方式来了解大家的喜好，于是，他重新画了一幅一模一样的画拿去展出，但这次，他把文字改成了"请大家在认为好的地方做标记"。结果，那些昨天被挑剔的地方今天却变成了赞美的标记。

你看，无论我们做什么，都会有人喜欢，有人不喜欢。昨天那些被抨击的缺点，今天也可能变成被赞美的优点，就如同这位画家的画一样。

"缺点"是一种认知，取决于你的思维方式。

在犹太人中间，有两句话广为流传：第一句，财富是靠脑袋的，你的价值是脑袋，而不是手；第二句，世界上的钞票有的是，遗憾的是我们的口袋太小了。

赚钱，就是一个人认知变现的过程。

电视剧《天道》中，丁元英和王庙村的冯世杰、叶晓明、刘冰三人开了一家叫格律诗的公司，主要是生产音响。当时，全国音响最牛的品牌叫乐圣，格律诗从乐圣订购核心配件。

格律诗步入正轨以后，在丁元英的操作下，格律诗以超低价出售音箱，严重影响了乐圣的利益。很快，乐圣公司的老总林雨峰，以不正当竞争为由一纸诉状将格律诗告上了法庭，目的就是吃掉格律诗。冯世杰等人害怕了，背着丁元英跑去找林雨峰求和，求和失败以后，立马退出了格律诗公司。

但剧中另一个人——欧阳雪，却恰恰和这三人相反。

她早早步入社会打拼，从摆地摊卖馄饨做起，然后一步步扩张事业版图，最终在古城开起了自己的大饭店，完成了最初梦想。在常年的社会捶打中，欧阳雪总结出一套自己的"生意经"，她看得出丁元英的过人之处，也知晓他品行端正，能以诚相待。所以，她果断买入丁元英推荐的股票，短短十个月，就获利170%。之后，又听从丁元英的建议，投资格律诗，成为公司最大的股东。

当格律诗被起诉时，她和冯世杰、叶晓明、刘冰等人面对同样的困境，但她想的是大不了败诉后从头来过，哪怕输得一分不剩，她也可以通过开饭店重打江山。她去向丁元英请教，后在丁的前助理肖亚文的帮助下打赢官司，渡过了难关。

官司赢了，格律诗的身价立马翻了几番，冯世杰等人懊悔不已。作为出资最多的欧阳雪，分得了一大笔分红。格律诗之所以能够打赢官司，是因为从一开始丁元英对格律诗的定义就是扶贫公司，完全是贫困村的农户式生产，根本不是传统意义上的工业化生产方式。也就是说，公司根本不存在什么不正当竞争。

这部电视剧改编于豆豆的著作《遥远的救世主》，对人性的描写可谓深到了骨子里，剧中人物不多，却涵盖了社会各个阶层，有聚焦于商场的生死拼杀，也有通透到刚开始读不懂的爱情，但大家更愿意津津乐道的还是这部作品的商业思维。总之，作者将所有人的认知如同镜子那般照得一清二楚。

有句话说得好："你所赚的每一分钱，都是认知变现；你所亏的每一分钱，都因为认知缺陷。"比没钱更可怕的，还有你习以为常的惯性思维。

一个朋友相亲回来抱怨道："你说我浑身都是优点，怎么就找不到对象呢？"

我们一致认为，她做事情"太细致了"，不论是工作还是去相亲，每次总抓着一些特别细的部分不放，如别人报告里的标点符号、相亲对象衣品不好、菜点得比较随意等，反倒忽略了对方是否善良、有耐心、情绪稳定、学习能力强、格局大等这些重要的部分。

所有优点的背后是缺点，那些有明显优点的人就会有明显的缺点。

不同的认知往往会导致不同的结果，我经常听到很多人说自己身上有这样那样的缺点，自己想通过一些方法去消除这些缺点，殊不知消灭缺点最终可能毁灭自己。

第六章　缺点是一种认知

有个极端的笑话，说一个驼背的人找医生治疗，医生把驼背的人放在两个门板之间，让人去踩，驼背直了，人也完了。

缺点是有价值的存在，人正因为有"缺点"才会变得可爱。

这几年随着短视频的快速传播，我们也越来越爱看那种"养成系"博主的视频，在视频中把自身缺点暴露得一览无余，也正是网友们最大的看点和笑点，不是吗？

老鼠从来不会认为自己吃的东西是偷来的，苍蝇从来不会觉得自己脏，蝙蝠也不觉得自己有毒，在乌鸦的世界里，天鹅都是有罪的。认知不在一个高度，争辩就会变得毫无意义。你如果没有办法帮一个人突破他的认知局限，就不要和他争论超出他认知范围的事物。

与认知水平相当的人交流，可能是互相探讨。而和不同层次的人争辩，只是无谓的自我消耗。这就是我们常说的"常与同好争高下，不与傻瓜论短长。"

一个人没有绝对的优点和缺点，只有认知的盲点。

第二节 睡不好，是因为"睡商"低

《睡眠革命》中有这样一句话："一个真正厉害的人，会主动控制自己的生活节奏，提高自己的睡商，如此才能以积极的状态应对工作和生活。"

"睡商"，你有吗？

据北京、上海等大城市的调查显示，有40%的人睡眠严重不足，有80%的人忍受着睡眠差带来的疲劳，有50%的人忍受着睡不好觉而引起的心情烦躁，只有6%的人觉得需要对此采取行动，"欠睡"成了社会问题。

睡商，是一个创造出来的词语，就像所谓的智商、情商一样，它记录了你对睡眠知识的了解程度，自我心理认识的过程，以及与他人、环境、社会的关系和适应程度。睡商高的人，他们的统一标签是：身体健康、精神焕发、皮肤光滑透亮、思维敏捷等。

你睡不好，是因为你"睡商"低。

我以前是一个不爱早起的人，或者说是一个没有"睡商"的人。

因为常年做文字工作，我养成了爱熬夜的习惯。一到假期，更是日夜颠倒，有时还追剧到深夜，第二天一觉睡到中午。后来，长期不规律的作息导致生物钟严重紊乱，白天经常心情低落，我自己还谎称是没有灵感，开始拖延、焦虑、失眠等，直到有一次去体检，体检结果惨不忍睹，才痛定思痛，下定决心开始改变。

长期养成的作息习惯真正改变起来并不是一件容易的事儿，虽然明知早睡早起对身体有益，可有时并不适合我们这种长期晚睡的人，更别说所谓的21天习惯养成了，毕竟，这21天里还需要保证基本的状态去完成自己的工作。

所以，"睡商"的养成也不可用力过猛，需要根据自身情况循序渐进。

于是，我尝试了自己的方法——先比昨天早起30分钟，目标订得小一点，我自己完成度也高，也更容易去坚持，直到后来养成真正的早起习惯。起初，我是10点起，后来变成了9：30，再后来变成了9：00，直到现在，6：30-7：00自然醒。

就这样坚持了一个月，我便发生了很大的变化。

首先，是体质的变化。因为作息规律了，按时吃早餐，有时间多喝水，身体变得越来越好，而且更让我惊喜的是，在没有刻意减肥的情况下，反倒还瘦了4斤。

其次，是工作效率的变化。因为早晨的精力越来越充沛，做事情变得更专注，工作的时间也不再紧迫和拖延，工作效率越来越高。

最后，是情绪的变化。每天早晨起来第一件事是开窗透气，不仅给我自己透气，也给我的花花草草透气，就这一件事能给我带来无限的愉悦感。当然，早晨我也更愿意做些思维性的工作，如作方案、做架构等。这里面还有一种对未来的确定掌控，包括价值感和获得感，这些都会冲淡担忧和焦虑，以及其他负面情绪。

之前看到一篇文章，里面写道：我们生活中 80% 的难题，都能用早起来解决，剩下的 20%，也可以用早起来缓解。早起 30 分钟，就像是滴水穿石，能够塑造我们人生的可能性。

当然，早起的前提是早睡。

中国睡眠医学协会这样提醒："90% 的年轻人猝死、心肌梗死等都与熬夜有关，长期熬夜就是慢性自杀。"《睡商：清醒的头脑来自健康的睡眠》一书中写道："我们总是在睡眠出现问题时才意识到，睡眠是大自然赐予人类的一个脆弱的礼物。"

很多人的"睡商"不合格，还因为对睡眠错误认识太多，这也意味着你出现睡眠障碍的可能性较大。譬如，根本不存在"补觉"一说，这是一种误区。很多人觉得上班期间没睡够，可以在周末补回来，所以，一到了周末就靠睡懒觉来补，有时一觉就睡到下午甚至傍晚。专家指出，这样不仅不能补回失去的睡眠，还会打破正常的睡眠规律。因为人体生物钟相对固定，不管睡多睡少，人的睡眠都是有规律的。

在这个全民"欠睡"的时代，到最后拼的就是"睡商"。

对生命最大的尊重，就是好好睡觉。

第三节 越用力，越焦虑

前几天看到陈道明老师一个视频，是讲于"过度努力"的，他说：

"努力有时候是一个好词，有时候也不是一个好词。比如一扇门，你轻轻推开，你会很优雅，当你推不开的时候，你努力推的时候，你就会变形，你的形体，你的心里都会变形。所以，有时候我觉得随着自己的境遇，随着自己的环境，应该清楚自己的所在，轻松一点儿地去执行自己的人生。"

的确，长期的过度努力，会让一个人的身心变得扭曲。**太用力的爱不圆满，太用力的人走不远。一个人越用力，也会越焦虑。**

　　卡夫卡说："努力想得到什么东西，其实只要沉着镇静、实事求是，就可以轻而易举、不知不觉地达到目的，而如果过于用力，反而适得其反。"其实，人生就像一场马拉松，跑得太快不一定能到达终点，真正坚持到最后的人，靠的都不是激情，而是恰到好处的投入和热爱。不管是友情的维持，还是爱情的境界，亦或是事业的成长，都是如此。所以，好的人生不必太用力，因为太用力的人生就是一场灾难。

　　记得创业初期，我每天的状态就像打了鸡血一样在几个城市之间奔波。频繁加班到深夜，出差频率高到自己麻木，做事情步步紧逼……看似执行力强，实则那两年让自己和别人都很窒息。这种过度用力和长期紧张的状态并没有让自己很好地进步，反倒导致那时的自己特别焦虑，整晚失眠，连续三年多连体检的时间都没有。直到 2020 年我搬回西安，有一天一觉醒来后，左腿突然麻木僵硬不能下床，后来检查结果是因为长期劳累而导致很严重的腰椎间盘突出，并且还患有中度焦虑症，不仅需要长期治疗且卧床近一个月，还需要通过药物去调节自己的焦虑症和长期失眠。医生还开玩笑说："你有着比自己实际年龄大十岁以上的老腰和焦虑的内心，是要好好静养一段时间了。"那一瞬间我觉得自己的努力在健康面前变得毫无意义。

　　许多人和我一样，曾经因为过度努力而导致紧张焦虑和长期失眠，医学界也证实，压力为百病之源，人的身心一旦有病，生活就成了一场拖累，生命也就失去热情。也是在生病的那段时间，我才深刻地感受到一个人如果过度的努力，迎来的只会是过度的休息。

　　卡尔荣格说："你生命的前半辈子或许属于别人，活在别人的认为里，那请把后半辈子还给你自己，去追随你内在的声音。对于普通人来说，一生最重要的功课就是学会接受自己。"

　　过度努力并不是不努力，而是要找准努力的方向，摆脱没有意义的内卷。

有一个关于当今离婚的分析，大概意思是以前人们离婚原因大多数是因为对方的不忠诚或贫贱夫妻百事哀，而如今的很多年轻人离婚原因则是因为一个人跟不上另外一个人的成长速度，进而丧失共同语言。也就是说在这个物质文明温饱的年代，大家对精神文明的需求也日渐增加，譬如灵魂的契合、精神的高度、思考问题的方式等。我相信很多人最初的承诺是真的，初心是好的，只是在各自努力的时候忘了问对方一句："这是我们共同想要的生活吗？"一段好的感情是"努力是为了更好的我们"，而不是"我们是为了更好的努力"。

过度努力需要把握好身心的分寸和尺度，把握好彼此之间的关系，不要因为所谓的"过度努力"而变成后来的来不及或已失去。

凡事有度，努力亦然。静心与自在、扬在脸上的自信和发自内心的热爱、健康的体魄和热爱的工作，从来都不是努力去追求什么，而是放下那个过度努力的自己，让它给我们腾出更多的时间和精力。

请努力让努力本身变得有意义！

第四节 "辛苦"不值得炫耀

《能力陷阱》一书中有这样一个小故事：

约翰和哈利同时进入一家蔬菜贸易公司，半年后，约翰升职加薪，而哈利却原地踏步。哈利想不通，质问老板为何厚此薄彼、区别对待，老板没有回答，只是把他俩都叫了进来，老板说："公司计划预定一批土豆，你们去看看哪里有卖的？"

半小时后，哈利匆忙地赶回来向老板汇报，说20公里外的蔬菜批发中心有卖土豆的，老板问道："有几家呢？"哈利说："没仔细看，我再去看看"。20分钟后，他又气喘吁吁地跑回来说："有三家"，老板接着问道："土豆价钱分别是多少？"他还是回答不上来。正当哈利准备再跑回去问时，老板把头转向了约翰。

约翰立马汇报说:"20公里外的蔬菜批发中心总共有三家卖土豆的,其中两家是0.9美元一斤,另外一家是一个老头,他只卖0.8美元一斤。我对比了下,三家中,老头家的土豆是自家农场种植的,质量最好。如果我们需求量大,价格还能再优惠,并且他有专门的货车可以帮我们免费送货。我带回来了一些样品,还留了他们的联系方式,您亲自看看。"

话说到这里,哈利立马羞愧得满脸通红。

故事中的哈利,其实和我们生活中的大部分人很像,只知道埋头干活,很少去抬头看天,几乎不怎么去规划思考,导致做许多事情都效率低下。而且,往往还把这种行为定义为"辛苦"。

其实,大部分人看似的勤奋,不过是思维上的懒惰导致的,譬如每天只睡3个小时、连续熬夜看书到天亮、从来不给自己放假、每天上班连喝水的时间都没有……如果这些"辛苦"也值得经常被夸赞,那么流水线上的任何一个人都比你努力得多了。

不要用战术上的勤奋来掩盖你战略上的懒惰,如果所谓的"辛苦"只停留在表面,而忽略了结果,那所有的"辛苦"都只是空谈。只有走出"辛苦"的陷阱,我们的未来才能蒸蒸日上。

记得刚开始创业时,我们每次开会的时间很长,大家都有多个观点,讨论一上午也没结果。后来,我们开始缩短会议的时间,对于方案中那些争执不断的部分就分组去行动,边行动边思考,最终,市场和客户解决了我们所有的疑惑。

敢于迈出去,坚定不移地去执行,少花时间去纠结问题本身,唯有不断的行动才能勇往直前,不论什么事,当你开始做的时候,你就已经接近答案了。

日本经济学家曾经提出一个"穷忙"的概念,指的是每天忙忙碌碌却没有结果的人。这类人每天工作十几个小时,总爱把忙挂在嘴边炫耀,也总爱把忙当作自己努力工作的借口。到头来,存款少得可怜,职位上也没有得到晋升。这听起来很讽刺,却是我们很多人的缩影。

忙不等于有结果，忙也不能和自身价值画等号。

职场剧《北上广不相信眼泪》中的一段对白让很多职场人深受启发。

剧中的陈奇雄在公司工作十几年，自认为勤勤恳恳、兢兢业业，但还是一个小小的主管。在一次华东大区经理竞选上，他竞选失败，于是找领导哭诉。他说自己在公司工作十二年，没日没夜地加班，周末还去拜访客户，没有功劳也有苦劳。还跟领导说自己这么努力，难道领导都没有看在眼里吗？

领导回答说："你的工资不是按努力来计算的，你的努力更加不是公司给你升职的理由。"

这个回答既残酷又现实，努力并不是通行证，努力后的结果才是。

以前我有一个同事，整天蓬头垢面，说自己太忙没有时间收拾自己，后来发现她在做的工作，也如同她的仪容仪表一样凌乱不堪。于是，我果断辞退了她。之后听说，她在外面到处说我们公司只看脸不看才华，我也懒得去解释。再后来听说她的工作一直是换了找，找了换，两年时间换了七家公司。

"越是工作做不好的无用之人，就越是会主张自己有多努力，可这种努力既提升不了自己，也创造不出价值。"

工作是一个整体性的呈现，良好的形象是基础，专业的能力是核心，谦卑的态度是机会，持久的学习是价值，这些特质中的每一项都需要持之以恒地在背后默默努力，不需要太喧嚣，更不需要人尽皆知。慢慢蜕变，悄悄拔尖，把事情做好，拿出亮眼的结果，不论你身处在哪个阶段，都将终身受益。

职场多年后，你会发现有一种感觉是："我很累，却不知道哪里累？我想说，却不知道对谁说？想发个朋友圈，好像不太合适，翻遍整个通讯录，却找不到一个可以拨通的人……"成年人的世界，笑容可以瞒过别人，辛酸却只有自己知道。

稻盛和夫曾写道："成年人的世界里，辛苦是最不值得炫耀的，你早出晚归，你废寝忘食，只是辛苦，并不是努力。仅仅流于表面的勤奋，只会掏空了你的精力，让你变得盲目且疲惫。而有效的努力，终究会让你成为更好的自己！"

辛苦不值得炫耀,辛苦后的反思才更重要!

第五节 "忍"解决不了根本问题

好友给我发微信说他辞职了,原因是实在无法忍受新来的上司。我问具体原因时,他回答了我八个字:"忍无可忍,无须再忍。"

坦白讲,对他的离职我并没有很吃惊,就像问他具体原因一样,他的回答也总是在阐述自己忍得多辛苦,还是没有说到根本问题。因为他在这家公司工作近五年来,每每谈起工作,感觉积极性也不高,总是习惯性地叹口气,然后说"忍忍就过去了",很少听他谈起他在工作中遇到的具体问题,他看似情绪起伏不是很大,甚至有时候还习惯性沉默,实则一肚子怨气,属于大部分人眼中那种典型的很能"忍"的人。

他的"忍"属于习惯性逃避,并没有通过"忍"去解决遇到的根本问题。

脾气人人都有,拿得出来是本能,收得回去才是本事。

首先,一个人为什么要去"忍"?

忍,不是屈服,不是妥协,也不是认输,而是积蓄力量,修炼自己,厚积薄发等待机会。

其次,一个人在什么时候应该学会隐忍呢?

在你还没有足够实力的时候,在别人一句话就能淘汰你的时候,在你连本职工作还完不成的时候,忍,是为了生存。

卢思浩说:"你要忍,忍到春暖花开;你要走,走到灯火通明;你要看过世界辽阔,再评判是好是坏;你要铆足劲变好,再旗鼓相当站在不敢想象的人身边;你要变成想象中的样子,这件事,一步都不能让。"

三国时期最牛的人是谁?读到最后大家几乎都异口同声地喊出司马懿的名字,还有那句"天下终归司马家"。其中,司马懿最大的特质就是"忍",当然，他很清楚地知道自己为什么而"忍"。

明帝死后曹芳继位，朝政由司马懿和曹爽共同掌管。司马懿是一个老谋深算的人，为了让曹爽放心，他经常称病不去上朝，对曹爽的胡作非为也不闻不问，但是暗地里却收集材料，做好应变的准备。有一年曹爽的亲信李晟到外地去做官，临行前曹爽叫他以辞别的名义到司马懿府里去观察一下司马懿的生活状况。司马懿早有准备，李晟来的时候他躺在地上，让两个侍女扶着，靠在床沿上，见到李晟后，他指了指嘴，表示口渴，侍女为他端来一碗粥，他喝了几口，没咽下去，粥全顺着嘴角流下来。李晟皱着眉对司马懿说，他将要去荆州任职，今天特地来告辞。司马懿听了有气无力地说"怎么，你是要到并州去吗？"李晟纠正说"不是并州，是荆州。"司马懿这才点点头，抱歉地说"我年纪老不中用，为国立功全靠你们！"李晟告辞后，立刻就向曹爽报告说："司马公已经像死尸一样躺着，只剩下一口气了！看来他的神思和躯壳都已经分离了。他将不久于人世了，不用为他忧虑。"曹爽听了非常高兴，从此不再对司马懿有任何的戒心。公元249年的一天，曹爽等人陪同皇上曹芳去祭扫明帝的陵墓，司马懿等他们出城之后，立刻调兵占领了武器库，同时亲自带领一支军队截断了曹爽等的归路，最后以叛逆罪把曹爽和他的亲信全部处死。从此他控制了皇帝，独揽朝政大权。

所以，当你自身实力不够强大的时候，一定不要意气用事，要学会隐忍，然后不断的去积累资源，提高能力。这个社会不是靠嗓门儿来说话的，而是靠实力来说话的，隐忍本来就是一种极高的智慧。

最后，"忍"真的能解决根本问题吗？

我的答案是"不能"。

解决最根本的问题需要原则和底线，忍的本质是趋利避害，而"忍"的时间久了会模糊自己的底线，加深抱怨和误会。另外，一个人总是处在"忍"的状态当中，或多或少都会心理失衡，然后在别处爆发，让结果变得失控。此外，如果你的"忍"不是心甘情愿地退让，就会产生懊悔、抱怨、愤怒等多种情绪垃圾，长年累月下去，也会引发自身的情绪疾病。

正确的做法是该表达的时候就要表达，勇敢地亮出你的底线和原则，让别人清楚地知道你做人做事的边界，找出根本问题，再去共同解决。在这个沟通的过程中，如果双方还是不认可，那就远离，无需再忍。有时候，在一些不适配的关系中，你觉得你忍别人很痛苦，但其实别人忍你可能更痛苦。有些问题就算我们决定不了结果，但通过这种方式至少不后悔、不压抑、不自责，并且不浪费时间。

当忍则忍，当不忍则不忍。忍是策略，不是目的。

第六节 什么才是真正的情绪稳定？

很多人理解的情绪稳定是从来不发脾气，几乎没有负面情绪，或者喜怒不形于色，其实，这都是对情绪稳定片面的理解。

什么才是真正的情绪稳定呢？

在《普通心理学》一书中提到，人类正常的四大情绪包括喜、怒、哀、惧，分别代表高兴、愤怒、哀伤和恐惧。如果每一种占比25%，那除了"喜"之外，剩下的75%都是负面情绪。所以，一个人占比75%的负面情绪是很正常的事情。著名的心理学家萨提亚曾经总结过人与人之间相处的五种应对模式，分别是指责型、讨好型、超理智型、打岔型和一致性沟通。萨提亚把人与人之间理想的沟通模式称为"一致性沟通"，只有一致性沟通的人才是真正的情绪稳定，其他四种都属于沟通中的不良模式，或多或少都会伤害到自己和他人。

什么叫一致性沟通呢？

就是既能顺畅地表达自己的需要，也能够倾听对方的感受，并作出积极的回应。如实感知情绪、看见情绪和表达情绪，而不是掩盖或者消灭情绪。比如，当你生气了，你可以跟对方真实地说出自己为什么不开心，把自己的情绪表达出来。这样对方才会关注你的情绪，而不是猜忌、冷战或吵架。

尝试一致性沟通，做个情绪稳定的人。

人的一生需要拥有多种素养，其中至关重要的一种就是保持日常情绪稳定，这不仅有益于我们的身心健康，也会给我们的工作生活带来好运。

心理学上有个自证预言，我们越担心坏事的发生，便越会留意不利的讯息，不利的讯息越多，心情越焦虑不安，最后更容易诱发坏事的发生。当我们渴望好事情发生时，会倾向于找寻正面讯息，从而变得越来越乐观自信。

经典美剧《行尸走肉》里有这么一句台词："一个失落的灵魂能很快杀死你，远比细菌快得多。"

人生路上，我们遇到的最大敌人，往往不是能力，不是条件，而是情绪。

美国心理学家费斯汀格有一个著名法则：生活中的 10% 是由发生在你身上的事情组成，而另外的 90% 则是由你对所发生的事情如何反应来决定。

一、情绪稳定，能带来健康

有一则故事：

两个人同时去了一家医院做检查，检查出来一人患有癌症，另一人则是健康的。因为医院医生粗心导致这两人的诊断报告拿反了，结果原本健康的人因为报告整日忧心忡忡、郁郁寡欢，情绪极度不稳定；原本有癌症的人看到健康的报告整天都很开心。不久之后医院发现了弄错的诊断报告，通知双方到医院重新做检查，原先健康的人查出了亚健康的问题，而原本有癌症的人病情有所好转。

无论是中医、西医还是心理医生，都会嘱咐病人要保持心情舒畅。这说明情绪的变化对健康状况的影响非常重要，积极的情绪有利于人的身心健康，消极的情绪则不利于人的健康。《黄帝内经》里讲"喜伤心，怒伤肝，恐伤肾，思伤脾，惊伤胆，悲忧伤肺。"这说明不同的情绪会造成不同的疾病。

如何管理好自己的情绪呢？

一是制怒。"怒伤肝，百病生于气也，怒则气上。"一个人如果大怒不止，甚至暴跳如雷，肝气便会上逆，血则随气而上溢，出现面红、耳赤，气逆重者吐血，甚至造成死亡。很多养生有道的人，都非常重视宽容大度，遇事不怒。

古人云："安神悦乐，惜气保和纯。"这是有科学道理的。

二是消愁。愁与思、忧相关，一个人如果思虑过度、忧愁莫展、情绪萎靡，是不利于身体健康的。中医认为"思伤脾""忧伤肺"。不仅如此，忧愁还会造成人体中其他功能的衰退。

三是克悲。人在生活中总会遇到意外与不幸，诸如亲人亡故、天灾人祸，事业上的偶然失败等使你精神受到巨大刺激。一般来说，忧中有悲，但悲比忧更伤身，按中医理论，悲不仅"伤肺"，而且"生怒"。悲哀过度，使肺气抑郁于胸，耗气伤阴，机体功能失调，容易发生意想不到的后果。

四是勿躁。这里的"躁"，指急躁、烦躁、狂躁、暴躁等，是情绪激动的表现。科学家已证明，人要是激动，心理控制会失去平衡，体内的一种特别激素大量释放并与血液的白细胞结合，削弱人体的免疫抗病能力，诱发疾病。

根据有关报道，人类很多疾病都和情绪有关。现代人因为压力过大，情绪化比较严重，容易得"情绪病"。所谓"情绪病"就是受情绪影响较大的病，比如甲状腺结节、乳腺增生、卵巢囊肿等。我们自己也会有明显的感觉，有时候一生气，感觉整个人的五脏六腑都在冒火，胃疼、头疼、呼吸困难……

情绪稳定，不仅是在养生，还是在保命。

二、情绪稳定，能带来好运

《一生的资本》里有这样一段话，"任何时候，一个人都不应该做自己情绪的奴隶，不应该使一切行动都受制于自己的情绪，而应该反过来控制情绪。"

生活中经常有这样一类人，外卖晚一会儿到，就会跟外卖人员抱怨争辩；听到他人无心的一句话，就会一直耿耿于怀……不仅浪费了时间，消耗自己的情绪，还阻挡了好运。之前我们公司副总这个岗位，原本定了两个人，可其中一个听到小道消息说副总这个位置已经内定了，而作为最有资历的他那一个礼拜都表现得异常失落和急躁。于是，他按捺不住自己的情绪，找到领导转着弯地说自己这些年的劳苦功高，为公司创造了多少价值等。一圈聊下来，最后才发现领导原本内定的那个人其实就是他，只是董事会设有一个月的考察期，没想到他在最后一周的时候情绪爆发了。

因为他的一时冲动，副总的位置还是给了比他资历浅薄，而且更年轻的那个人。就如同他领导所说的那句：情绪稳定是一个管理者最基本的素质，如果做不到这一点，资历再深、能力再强也无济于事。生活中，很多这种遇到事就喜欢大闹的人，明明可以理智平静地把大事化小，却偏偏不服从规则，大吵大闹，最后让局面失控。这种人说到底就是情绪管理的失败者。

一个人的情绪里藏着他的命运，情绪稳定是好运的开始。

三、情绪稳定，是一种智慧

杨绛先生在88岁高龄之时，先后失去了两位至亲，先是失去了唯一的女儿，接着又失去了挚爱的丈夫。可是随后的18年里，在杨绛先生身上，丝毫看不到命运苦难的痕迹，她依然活得干净、纯粹、幽默。不仅能够用"楼梯"拒绝老友的追求，而且笔耕不辍，《我们仨》更是成了风靡全国的畅销书。

能控制住自己情绪的人，往往都是有内涵的人，他们具有足够的智慧，很高的格局。经历过世事的坎坷，见识过足够大的世面，这种人沉稳如水，能成事，能担当。王阳明曾讲过"心即理"，同一件事不同的人去看就会有不同的解释，我们看到的世界是我们眼中的世界，而不是世界本来的面目。当我们看到社会的险恶，周围形势的严峻，身边人们态度的冷漠时，也可以说是对我们内心状况的一种反射。我们很难以公平的态度看世界，却可以尽可能地以客观的方式来陈述现状。所以，心即理，心正了，你也就正了。当你看别人不顺眼，往往是自己的修养还不够。

一个人的情绪背后，是实力，是格局，也是智慧！

成年人最重要的能力是什么？我认为是管理情绪的能力。

如果遇到看不惯的人和事怎么调整自己的情绪呢？

首先你要搞清楚遇见的人和事是不是原则性问题，如果不是原则性问题，别人怎么做与我们也无关，因为人生最重要的不是快乐，是平静，而平静本身需要我们在嘈杂中去成长。情绪管理，严谨的回答就是学会"理性思维"，通过培养理性思维，无论遇到什么样的情绪，都不会影响到我们的判断与决策，这才是情绪管理的最终目的。情绪管理的方法论，佛家叫"戒"，儒家叫"礼"，道家叫"律"，一切理论的知识回到生活中可以称之为"君子之道"和"彬彬有礼"。

怒时不言、恼时不争、乱时不决，情绪稳定是成年人最好的素养！

第六章 缺点是一种认知